"十四五"职业教育国家规划教材

国家教材建设重点研究基地（职业教育教材建设和管理政策）组编

LAODONG JIAOYU

劳动教育

（第三版）

主　编　徐国庆

中国教育出版传媒集团

高等教育出版社·北京

内容提要

本教材是"十四五"职业教育国家规划教材，是国家教材建设重点研究基地（职业教育教材建设和管理政策）深入研究的成果。

本教材从思想性、知识性、时代性、思辨性和实践性五个方面出发，通过"理解劳动的意义""树立正确的劳动态度""锻炼劳动能力"和"尊重劳动成果"四大模块、十个章节，阐释了劳动思想、劳动知识、劳动技能和劳动实践的有关内容。本教材结合了职业院校的学习要求和学生特点，理论知识简明扼要，贴近实际，深入浅出；通过"现象分析""此刻行动""小活动"等内容设计，强调手脑并用、身体力行，培养学生正确的劳动价值观和良好的劳动品质。本次修订，在保持原有体系结构的基础上，针对部分章节，完善了理论知识，更新了案例等；新增了适用实用的劳动活动手册，有利于教学活动的开展。为了利教便学，本书另配套有教学课件等资源。部分学习资源（如微课）以二维码形式提供在相关内容旁，可扫描获取。

本教材适合作为高等职业院校劳动教育课程教材，也适合中等职业学校及其他学校教学使用。

图书在版编目（CIP）数据

劳动教育 / 徐国庆主编. -- 3 版. -- 北京：高等教育出版社，2024.8（2025.9 重印）.

ISBN 978-7-04-062378-9

Ⅰ．G40-015

中国国家版本馆 CIP 数据核字第 20249RG661 号

| 策划编辑 | 孔全会 雷 芳 | 责任编辑 | 雷 芳 | 封面设计 | 张文豪 | 责任印制 | 高忠富 | 版式设计 | 吴 昊 |

出版发行	高等教育出版社	网　　址	http://www.hep.edu.cn
社　　址	北京市西城区德外大街 4 号		http://www.hep.com.cn
邮政编码	100120	网上订购	http://www.hepmall.com.cn
印　　刷	上海盛通时代印刷有限公司		http://www.hepmall.com
开　　本	787 mm×1092 mm 1/16		http://www.hepmall.cn
印　　张	17.5	版　　次	2024 年 8 月第 3 版
字　　数	290 千字		2020 年 7 月第 1 版
购书热线	010-58581118	印　　次	2025 年 9 月第 7 次印刷
咨询电话	400-810-0598	定　　价	37.00 元（含劳动活动手册）

本书如有缺页、倒页、脱页等质量问题，请到所购图书销售部门联系调换

版权所有　侵权必究

物　料　号　62378-00

数字课程使用说明

与本书配套的数字课程资源发布在高等教育出版社 Abook 网站，请登录网站后开始课程学习。

一、注册/登录

访问 http://abook.hep.com.cn，点击"注册"，在注册页面输入用户名、密码及常用的邮箱进行注册。已注册的用户直接输入用户名和密码登录即可进入"我的课程"页面。

二、课程绑定

点击"我的课程"页面右上方"绑定课程"，正确输入教材封底防伪标签上的 20 位密码，点击"确定"完成课程绑定。

三、访问课程

在"正在学习"列表中选择已绑定的课程，点击"进入课程"即可浏览或下载与本书配套的课程资源。刚绑定的课程请在"申请学习"列表中选择相应课程点击"进入课程"。

如有账号问题，请发邮件至：abook@hep.com.cn。

前言

党的二十大报告指出，要"坚持尊重劳动、尊重知识、尊重人才、尊重创造""在全社会弘扬劳动精神、奋斗精神、奉献精神、创造精神、勤俭节约精神，培育时代新风新貌"。劳动教育课程是职业院校落实党的尊重劳动、弘扬劳动精神方针的重要载体。本教材依据《中共中央 国务院关于全面加强新时代大中小学劳动教育的意见》(以下简称《意见》)编写。《意见》指出劳动教育的总体目标是："使学生能够理解和形成马克思主义劳动观，牢固树立劳动最光荣、劳动最崇高、劳动最伟大、劳动最美丽的观念；体会劳动创造美好生活，体认劳动不分贵贱，热爱劳动，尊重普通劳动者，培养勤俭、奋斗、创新、奉献的劳动精神；具备满足生存发展需要的基本劳动能力，形成良好劳动习惯"，并要求将劳动教育纳入中小学国家课程方案和职业院校、普通高等学校人才培养方案，在大中小学设立劳动教育必修课程，职业院校劳动教育课时不少于16学时。

紧扣这一目标，本教材共设计了4部分、10章教学内容。4个部分分别是理解劳动的意义、树立正确的劳动态度、锻炼劳动能力和尊重劳动成果。每章设计的教学时长为2学时，考虑到该门课程总学时为16，开展教学时可根据实际情况选择其中8章重点进行教学，其余2章以学生自学为主。

本教材在开发时，特别突出了以下5个方面的设计，它们也是本教材的特色所在。

思想性

职业院校学生已经从事了大量职业实践活动，是否还有必要对他们进行专门的劳动教育？在职业院校老师和学生中，有这种疑问的人不少。然而，劳动教育并不等同于劳动能力教育，甚至可以说劳动能力教育并非劳动教育的核心内容。劳动教育的核心是关于劳动思想、劳动态度和劳动方法的教育，即帮助学生思考劳动的价值与意义，以什么态度对待劳动，用什么样的方法进行劳动等问题。这些是新时代合格公民应当具备的基本品质，是公民精神世界的重要组成部分。如果大家都轻视劳动，不愿意劳动，看不起劳动者，不知道合理的劳动方法是什么，我们的社会如何能够发展？社会主义的建设目标如何能够实现？不仅在社会财富还不是很丰富的今天我们要重视劳动，就是在财富非常丰富的未来社会，我们同样需要崇尚劳动。这些观念正是当前青少年最为缺乏的。然而这些观念不会自动产生，只参加职业实践活动也不会自然地形成这些观念。有的人劳动了一辈子，却最厌恶劳动，他最大的梦想就是能脱离劳动。这些观念的获得需要专门的教育。即使职业院校学生参与了大量职业实践活动，也并不意味着他们一定会自然地明白这些道理，形成正确态度。从这个角度看，对职业院校学生进行劳动教育是极其必要的。

知识性

劳动教育需要理论知识吗？劳动教育有理论知识体系吗？劳动教育的主要目标是形成正确的劳动思想和劳动态度，这些思想和态度的形成不仅需要理论知识支撑，而且需要系统的劳动教育理论知识体系的熏陶。虽然劳动是一种非常普遍的日常活动，但要让受教育对象真正理解劳动的意义，崇尚劳动，热爱劳动并不容易，要形成马克思主义劳动观则更困难。因为劳动是很辛苦的活动，人们都会本能地排斥劳动。历史上剥削阶级的形成就是源于这一本能动机。只有当人们在理论层面理解了劳动，尤其是理解了劳动对人类社会发展的根本意义，才能真正接受劳动，热爱劳动，把劳动素养内化为自己人格的组成部分，把劳动看作自己生活的一个方面。劳动教育的开展需要理论知识的支撑。因此，劳动教育这门课程其实是一门理论性较强的课程。本教材的作者在深入研究的基础上，搜集了支撑劳动教育各主题的经典知识。为了让职业院校学生更容易理解复杂的劳动理论知识，本教材在叙述时尽量使知识表征简单明了，并尽量结合案例进行阐述。要取得良好的教学效果，还需要教师在教学中尽可能深入浅出地讲解这些知识。

时代性

劳动是人类社会的永恒现象。劳动教育中有永恒的内容，比如热爱劳动、崇尚劳动应该是一切社会应该有的基本劳动观念。但劳动教育作为一种教育活动，其对象和内容是有时代性的，因此，劳动教育也要体现时代性。当前之所以要提出实施劳动教育，是因为人们发现青少年普遍缺乏劳动，不爱劳动，不知道如何劳动。这种现象对青少年的健康成长造成了许多负面影响，受到了社会的广泛关注。但是，仅仅基于这一点进行劳动教育是不够的，它可能使得劳动教育的视野变得非常狭窄。青少年劳动中这些问题的形成，确实有劳动教育缺失的原因，但也有许多社会因素的作用。比如随着自动化技术、智能技术的广泛应用，需要体力的劳动越来越少；随着金融、娱乐等行业的发展，现代人有时候不需要通过劳动就能获得收入，甚至不劳动获得的收入可能更多，劳动致富的观念受到挑战；随着城镇化进程的加快，越来越多的居民住进了高楼大厦，他们在获得更加宽敞、洁净的居住环境的同时，离体力劳动的环境越来越远。只有针对我们这个时代特有的劳动问题对青少年学生进行教育，才有现实意义，也才能取得实效。通过劳动教育让青少年认识日常生活劳动中使用的工具、学会基本的劳动技能，相对来说还是比较容易的。劳动教育真正要解决的问题是，教育学生在当代社会环境下正确地看待劳动。

思辨性

劳动教育的最终目的，是学习者能够把一般的劳动教育要求体现到具体的行动中。这一过程不是一帆风顺的。学习者在掌握了劳动教育的一般要求后，并非就必然地知道如何在特定情境中作出正确的行为选择，因为情境中的价值取向往往不是非左即右的，而是两难困境。既然劳动教育面临的最为复杂的问题，是现代社会生活环境变化导致的人的生存状态的改变问题，那么要让青少年真正理解劳动的意义，形成正确的劳动观念就不是简单的事情，靠单向地给他们教授正确的劳动观念是不够的，必须引导他们学会在复杂的情境中对观念进行辨析，作出正确的选择。比如在现实生活中，脑力劳动者的收入和地位一般都高于体力劳动者。面对这种现实状况，青少年该如何看待体力劳动？为此本教材每章都设计了许多供学习者进行辨析的现象和案例，并设计了引导辨析过程展开的问题。教师在教学中要特别注意发挥好这个环节的教学价值，帮助学习者澄清观念，树立正确的劳动态度。

实践性

《意见》对劳动教育实施提出了"体会劳动创造美好生活，体认劳动不分贵贱"的要求。理解劳动的意义、树立正确的劳动态度、掌握劳动方法需要通过实践来完成。实践不仅能够加深青少年对知识的理解，而且可以使他们学会体现观念的具体行为。因此，劳动教育的方法应当是综合的。它需要老师清楚地阐述劳动的深刻意义、正确的劳动态度的内涵；通过讨论活动引导学习者学会在两难情境中进行辨析和选择；还需要组织学生进行劳动实践活动，并在实践中通过对行为的反思进行学习。为此，本教材专门设计了"此刻行动"一栏，供学习者开展实践活动。用"此刻行动"作为栏目标题，是希望在树立正确的劳动观念后，青少年应立刻行动起来，不要再拖延。针对计划能力培养，本教材设计了由行动目标、行动方法、行动安排、行动保障四个环节构成的行动计划内容结构。每一章的此类练习都统一采用了这一结构，意在通过反复练习，帮助学习者掌握制订行动计划的能力，以有利于劳动实践活动的开展。

本教材由华东师范大学职业教育与成人教育研究所所长、国家教材建设重点研究基地（职业教育教材建设和管理政策）主任徐国庆教授担任主编。徐国庆负责教材编写思路设计、整体结构策划和内容选择原则的确定，并负责各章内容的把关和统稿。各章作者分别是：第一章、第二章徐国庆，第三章郑杰，第四章范竹君，第五章蔡金芳，第六章宾恩林，第七章付雪凌，第八章匡瑛，第九章陆素菊，第十章李政。蔡金芳在教材编写中做了大量辅助工作。

特别感谢高等教育出版社为本教材的问世提供了大量专业性的指导和帮助。

《劳动教育》教材建设在我国尚处于起步阶段，尽管劳动教育意义非常重大，《意见》中对劳动教育目标的阐述也非常清晰，但要依据总体目标对相关经典知识进行梳理和开发，形成劳动教育的知识体系，编写出适用于职业院校学生的教材，难度仍然很大。2020年7月第一版出版后，我们通过各种途径征求反馈意见，进一步深入研究和思考劳动教育，并据此对书中的部分内容进行修订，编写了第二版。近日，根据当前对劳动教育认识的深入及学校教学实践所需，我们又实时修订，编写了第三版。我们邀请潍坊工程职业学院参与编写，并设计了适用、实用的劳动活动手册。本次新增的编写者为：朱晓赞、杨佳、姬莹、兰露露、董丽萍、曾政霖、张炜、谢宗华、刘洪竹、石娜娜、丁谦、马永婷，感谢他们为教材修订所做的工作。虽经多次修订，教材仍然难免有不足之处，热忱欢迎使用者提出意见和建议。

徐国庆

目录

第一部分 理解劳动的意义

第一章 劳动是人发展的条件 ……………………… 003

测测自我 | 003

现象评析 | 004

提升认知

一、认识劳动 | 005

二、劳动是个体发展的重要条件 | 007

三、现代科学为劳动对个体发展的意义提供了充分解释 | 008

四、积极主动地通过劳动促使自己各方面协调发展 | 014

联系实际 | 016

此刻行动 | 017

第二章 劳动是社会存在和发展的基础 ……………………… 020

测测自我 | 020

现象评析 | 021

提升认知

一、获取物质资料是人类社会存在和发展的基础 | 023

二、劳动是人们获取物质资料的唯一稳定途径 | 025

三、劳动价值理论是我国社会主义制度的重要理论基础 | 028

四、人们在为社会创造财富的同时也创造了自己的价值 | 029

五、通过劳动为社会创造财富是我们应有的责任 | 029

联系实际 | 031

此刻行动 | 032

第二部分
树立正确的劳动态度

第三章　劳动无贵贱之分 ········ 037

测测自我 | 037
现象评析 | 038
提升认知
一、劳动无贵贱之分 | 040
二、重视劳动体验 | 043
三、从事适合自己的工作 | 045
四、正确看待职业分类 | 047
五、在平凡的岗位上也能做出不平凡的事 | 048
联系实际 | 049
此刻行动 | 050

第四章　积极主动劳动 ········ 053

测测自我 | 053
现象评析 | 054
提升认知
一、积极对待被安排的劳动任务 | 056
二、正确对待"苦差事"和"分外事" | 058
三、发现和设计潜在的劳动任务 | 060
四、尽心尽力地完成劳动任务 | 062
联系实际 | 063
此刻行动 | 064

第五章　诚信劳动 ········ 067

测测自我 | 067
现象评析 | 068
提升认知
一、诚信是最基本的职业道德规范 | 070
二、诚信劳动是个体获得劳动成功的基石 | 074

三、诚信劳动应遵守的基本准则 | 076

联系实际 | 079

此刻行动 | 081

第三部分
锻炼劳动能力

第六章　劳动需要能力 085

测测自我 | 085

现象评析 | 086

提升认知

一、什么是劳动能力 | 087

二、职业劳动需要专业化的知识和技能 | 088

三、使用工具是人类劳动的重要特征 | 091

四、复杂劳动需要计划能力 | 098

联系实际 | 103

此刻行动 | 104

第七章　创造性劳动 106

测测自我 | 106

现象评析 | 107

提升认知

一、创造是人类劳动的本质特征 | 108

二、创造性劳动无处不在 | 110

三、创造性思维是创造性劳动的触发器 | 113

四、科学地开展创造性劳动 | 116

联系实际 | 121

此刻行动 | 122

第八章　合作性劳动 126

测测自我 | 126

现象评析 | 127

提升认知

一、合作性劳动是一种普遍而高效的劳动形式 | 130

二、合作性劳动需要有序、稳定、和谐地开展 | 131

三、合作意识和合作精神是高效合作的基础 | 134

四、合作性劳动需要掌握技巧与方法 | 135

联系实际 | 141

此刻行动 | 142

第九章　劳动安全与环境保护 …………………… 146

测测自我 | 146

现象评析 | 147

提升认知

一、劳动安全和劳动保护的基本内容 | 149

二、掌握必要的劳动安全常识 | 151

三、了解劳动权利的法律规定 | 155

四、遵守安全规程和劳动纪律 | 157

五、切实提高环境保护意识 | 159

联系实际 | 164

此刻行动 | 164

第四部分
尊重劳动成果

第十章　尊重劳动成果 …………………… 169

测测自我 | 169

现象评析 | 170

提升认知

一、劳动成果来之不易 | 172

二、合理使用劳动成果 | 173

三、保存和积累劳动成果 | 177

四、尊重劳动者 | 178

联系实际 | 180

此刻行动 | 181

第一部分

理解劳动的意义

人们为什么要劳动？当生产力还不是很发达时，人们为了获取食物、衣服、住所等生活必需品，每天辛勤地劳动。劳动是人们维持自我发展的唯一手段。劳动是非常艰苦的事情。马克思主义理论赋予了劳动意义非常丰富的内涵。马克思主义认为，劳动是价值的唯一源泉，是人们获取物质资料的基本途径，是人类社会存在和发展的基本保障；劳动创造了人，人的身体外形是劳动的结果，人的语言与思维也是劳动的产物；人人平等地参与劳动是实现社会平等的基础。因此，劳动不是低贱的，而是光荣的、崇高的、伟大的、美丽的。但是，随着生活资料的日益丰富，社会上开始出现了淡化劳动意识的倾向；随着劳动成果分配方式的多元化，有些人的劳动价值观发生了扭曲；生产、生活方式的智能化，以及城市日常生活与生产劳动的割裂，也导致人们对劳动意义的理解越来越缺乏来自生活的直接体验。重新理解劳动的意义成了当代青少年要着重探讨的人生课题。

第一章
劳动是人发展的条件

> 学习目标：能够结合实例，运用科学研究成果深刻理解劳动对人发展的根本意义。

请仔细阅读下列问题，逐一回答"是"或"否"，并将答案标注在相应的位置。

测测自我
★★★★★

序号	问题	是/否
1	你是否自己洗衣服？	
2	你是否自己整理房间？	
3	你是否帮助家人做家务？	
4	你是否维修过家里的电器、家具？	
5	你是否真心愿意承担班级的劳动任务？	
6	你是否知道劳动与运动的区别？	
7	你是否知道劳动对人的意志发展的重要意义？	
8	你是否知道劳动对人的知识增长的重要意义？	
9	你是否知道劳动对人的思维能力发展的重要意义？	
10	你是否知道劳动对人的社会能力发展的重要意义？	
11	你是否知道劳动对人的肢体发展的重要意义？	

以上问题，回答"是"越多越好。

人需要树立独立生活的意识，发展独立生活的能力。到了应该独立生活的年龄，还依靠他人生活是可耻的，即使只是依靠自己的父母也是可耻的。自己不劳动，而是通过剥夺他人的财富过着养尊处优的生活，甚至连日常生活也要人伺候，是极为可耻的。主动劳动不仅是道德需要，也是人发展的根本需要。自然赋予了我们成为人所需具备的生理条件，而我们最终成长为完整的人则需要通过劳动来实现。因此，恩格斯指出劳动"是整个人类生活的第一个基本条件，而且达到这样的程度，以致我们在某种意义上不得不说：劳动创造了人本身"。

现象评析

不少学生缺乏基本的劳动意识与能力,这种现象正常吗?长此以往,这会给人们的生活和社会发展带来什么影响?学生学业负担重是否可以作为不劳动的理由?职业院校已经安排了许多专业实践课,学生还有必要参加技能要求较低的日常生活劳动吗?

请自己思考,也可以与小组成员一起讨论,得出小组共同的观点。

问　题	观　点
不少学生缺乏基本的劳动意识与能力,长此以往,会给人们的生活和社会发展造成什么影响?	
有人认为学生只要把学习成绩搞好就可以了,学习以外的劳动可以不参加。对此你怎么看?	
有些同学认为职业院校的实习课就是劳动,没有必要参加日常生活劳动。你的观点呢?	

现象一 青少年很少参加劳动，缺乏基本的日常劳动意识和能力，甚至生活不能自理，这是一个让越来越多父母感到头疼的问题，也受到了社会的日益关注。某县妇联针对一所重点中学高一学生开展的调查结果显示：从没洗过衣服的占79%，不会或不敢使用电饭锅、液化气炉的占67%。有家长抱怨："我的孩子上初中了，平常连碗都不洗，让他帮忙干个家务活难死了，真拿他没办法""我家孩子的动手能力太差，老师布置的手工作业都是我们家长替她做了，愁死了"。有的学生从小学、初中一直被陪读，自理能力差到连袜子都不会洗，到了大学完全没法适应集体宿舍的生活，最后就只能要么被劝退，要么请父母来继续陪读。在不少大学附近的居民小区里，还形成了一个特殊群体，即陪读家长，有的家庭甚至举家搬到孩子就读的大学附近居住。有的大学生让家长定期到校洗衣服，请家政公司来宿舍打扫卫生。

现象二 青少年对劳动存在许多偏见，许多学生轻视劳动，厌恶劳动，鄙视劳动，乐于劳动、愿意主动劳动的学生越来越少。一份针对高职学生的调查结果显示：①在接受调查的学生中，近40%的学生认为学生的主要任务是学习文化知识，劳动不是自己应尽的义务。学校的劳动周被大学生认为"无所谓""没必要"或"是一种额外负担，能免就免"；近35%的学生"乐意"参加劳动周，但只是把其看作逃避上课的手段。②有14%的学生认为"手工劳动是一种落后的操作方式，与现在市场经济要求的科学化、社会化很不合拍"。③认为"劳心者治人，劳力者治于人"这种说法"非常有道理"的占近36%，认为"有一定道理"的占45%，认为"没有道理"的占19%左右。

一、认识劳动

提升认知

劳动有广义和狭义之分。狭义的劳动仅指生产和生活中的劳动，它是人类活动的一种特殊形式，是具有一定劳动知识和技能的人或人群使用劳动工具，以获取劳动成果为目的而对外部对象实施改造的活动。比如种植水稻，修建房屋，洗衣做饭。

广义的劳动除了生产和生活中的劳动，还包括许多在现代社会中产生的劳动，如脑力劳动、服务劳动。人们从事的写作、设计、规划、管理等活动是劳动。这些劳动由于主要需要人们的智力参与，因此被称为脑力劳动。这是根据劳动过程对劳动者参与要素的不同作出的劳动分类。酒店服务员、银行工作人员、销售人员等从事的服务活动也是劳动。这些劳动所产生的劳动成果不是有形的物品，而是无形的服务，因此被称为服务劳动。这是根据劳动成果形态不同对劳动作出的分类。

与劳动相区别的概念是休闲娱乐活动，如打游戏、看电影以及体育运动。休闲娱乐活动和体育运动虽然具有愉悦身心、提升身体素质、促进人际交往的功能，都是人类不可缺少的活动，但它们不是劳动。根本原因在于它们不是以获得劳动产品为目的的。

劳动教育中的劳动包括一切以获得劳动产品为目的的活动，但主要指需要较强体力参与的生产和生活劳动，因为这种劳动正是现代人所缺乏的。过去几十年中，以自动化技术、智能化技术为代表的现代技术的快速发展与应用，极大地改变了我们的工作与生活状态，把人们从繁重的体力劳动中解脱出来，同时也使现代人离劳动越来越远。主要体现在：①以脑力劳动为主的职业占的比重越来越大，人们长期处于紧张的脑力劳动状态中；②越来越多的体力劳动为自动化机器所取代，人们动手的机会越来越少；③经济水平的提升加速了城镇化进程，越来越多的人住进了高楼大厦，人们在享受宽敞、干净的居住环境的同时，也离自然界越来越远，离劳动环境越来越远。这些改变已经对个体和社会整体的健康发展产生严重影响，需要我们高度重视。

自动化装配生产

二、劳动是个体发展的重要条件

不少青少年不愿意劳动，排斥劳动。不参加劳动，可以有许多借口，比如：①我以后有条件从事更加高级的职业，不必从事以体力为主的生产劳动；②我的学业负担已经很重了，没有时间劳动，而且学习本身也是劳动，是更加艰辛的脑力劳动；③我身边缺少参与劳动所需要的环境；④家务活父母都包了，没有什么劳动需要我做。

学业负担过重，城市居住格局把人与劳动环境割裂，父母对家务活大包大揽，的确是阻碍青少年参与劳动的重要因素。但对任何事物的发展而言，外部因素都是辅助性的，内部因素才是决定性的。是否参与劳动，关键还是取决于自己对劳动的看法。有不愿意参加劳动的思想是正常的，因为劳动总是很辛苦，有时还很枯燥，但我们要坚决克服这种思想。劳动是个体健康成长、走向成熟的重要条件。正确看待劳动，乐于接受劳动，是一个人认识成熟的重要标志。

从最根本的意义上看，劳动是人类社会存在和发展的基础。这句话要从两个层面理解：社会层面和个体层面。从社会层面看，劳动是人类生存和生活的需要。我们可能没看到过大米、小麦是如何从地里田间到餐桌上的，房子是如何建造出来的，但我们要知道这些生活必需品必须通过劳动才能获得，而且这个过程非常艰辛。如果每个人都不参加劳动，社会财富就会消耗殆尽，社会就会无以为继。这是个很浅显的道理，大家都容易理解，也能够接受。但是，同学们还要看到，劳动的意义首先在于，它是个体发展的重要条件。

比如，参与劳动有利于培养独立精神。有研究发现，与不做家务的孩子相比，做家务的孩子成绩优秀的比例高27倍，原因就在于他们更具独立精神。参与劳动，还有利于促进身心和谐发展。近代思想家们普遍非常重视劳动对人发展的价值。思想家欧文说："完善的新人应该是在劳动之中和为了劳动而培养起来的。"我国著名教育家陶行知先生则说"人有两个宝，双手和大脑，双手会做工，大脑会思考，用手又用脑，才能有创造"，他要求每位学生都拥有"科学的头脑，健壮的双手，农夫的身体，艺术的情趣，改造社会的精神"。陶先生的话朗朗上口，非常朴实，道理却很深刻。只有手脑并用，我们的各个方面才能得到协调发展，我们才能成为健全的人。

三、现代科学为劳动对个体发展的意义提供了充分解释

现代科学对劳动意义的研究越来越清晰地揭示出，劳动是我们自身发展的必要条件。它关乎我们的健康、智慧、快乐和美好。

（一）劳动是培养意志的良好途径

意志是人自觉地确定目标，根据目标调节并支配自身行动，进而克服困难，去实现预定目标的心理倾向。意志是人的心理素质中非常重要的组成部分，能否做成一件事情，首先取决于我们是否有意愿为追求目标付出精力、克服困难。人们的所有行为都需要意志来驱动。追求的目标大小不同，所需要的意志也不同。追求的目标越高远，需要付出的精力就越多，需要克服的障碍就越大，所需要的意志也就越强。一个人的成功，不仅取决于他有多强的能力，更取决于他有多强的意志。强大的意志能给予我们巨大的力量。

比如，同一个班级的学生之间学习成绩会有差异。差异是怎样形成的？人们往往把它归因于智力。然而智力在学习成绩的差异形成中并不是决定性因素。如果智力已经达到基本水平，具备学习所需要的基本智力条件，那么决定学习成绩差异的关键因素就是不同学生投入学习的精力。学习成绩好的学生往往都有一种品质，即能够持之以恒地投入大量

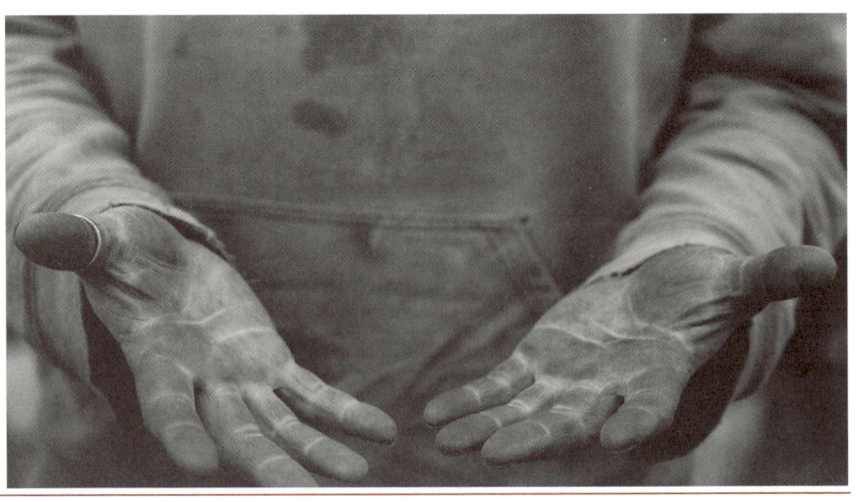

劳动锻炼人的意志

精力进行学习。要做到这一点，是需要强大意志作支撑的，比如抵制各种娱乐活动的诱惑，坚持对时间的充分利用，等等。

怎样才能获得这种意志？途径多种多样，艰苦学习本身就是锻炼我们意志的一种途径。劳动是锻炼意志的非常重要、有效的一种途径，其效果甚至优于体育运动。一直劳动的人往往都有很坚强的意志。这是为什么？因为劳动过程本身很艰苦，艰苦的过程容易锻炼人的意志；同时，劳动是一种以获得成果为目标的活动，获得的劳动成果会使人们产生强烈的满足感和成就感，从而提升人们的意志水平。

（二）劳动是知识的源泉

我们生活在一个教育普及的社会。一个没有知识的人，或者知识贫乏的人，是无法适应现代生活的。我们往往只看到了教育是获取知识的途径，没有看到劳动也是获得知识的重要途径。其实，在劳动中获得的知识更加实用，这种知识能更加有效地促进智慧的发展，提高人们应对环境的能力。

我国老一辈无产阶级革命家陶铸先生说："劳动是一切知识的源泉。"这句话告诉我们，劳动可以让我们学到大量从书本上没法学到的实用知识，而且我们只有在劳动中才能深刻地理解知识，灵活地运用知识，成为具有真才实学的人才。正所谓实践出真知，要获得真正有用的知识，发展做事的能力，就要勇于投入劳动实践中。

人类许多璀璨的知识和文化艺术作品都是在劳动中诞生的。如二十四节气，它是上古农耕文明的产物，是我国古代文化的瑰宝。上古先民认识到，农耕生产与大自然的节律息息相关，农业耕种只有按照相应的节气进行，顺应农时，才能获得好的收成。先民通过观察天体运行，总结出了一年中时令、气候、物候等方面的变化规律（即自然的节律）。他们把地球绕太阳运动一圈划分为24节，每2节之间相差15度，每个节被分别命名，每个节就是一个节气，如芒种、夏至、小暑等。二十四节气既可以帮助我们很好地把握气候变化，也可以帮助我们很好地把握农作物种植的关键时节，提高收成。这对于农业社会来说尤其重要。如人们总结出了"谷雨前后，种瓜点豆"的口诀，如果要种红薯，就要选择谷雨至立夏，这是最佳时节；再比如"处暑就把白菜移，十年准有九不离"，即栽种白菜的最佳时节是处暑。

小活动

你还能列出来自劳动的其他知识吗？

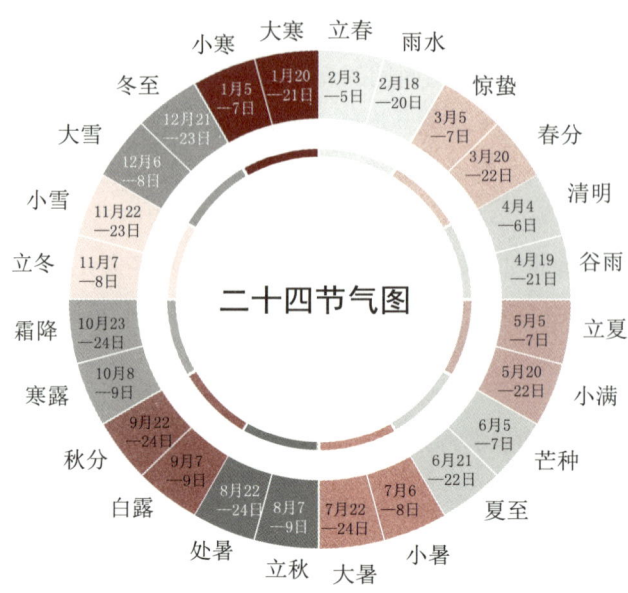

二十四节气示例图

（三）劳动是思维发展的支柱

具备语言和思维能力是人区别于动物的重要特征。你能想象人类丧失了思维之后将是什么样子吗？人类没有了思维，就只能像动物一样被动地适应环境，没有能力主动地利用环境，改造环境。人类创造的各种成果，无不是思维的结果。但人刚出生时也只有感知觉，还没有抽象思维能力。抽象思维的成熟要到 12 岁以后。

我们的思维是从哪里来的？影响思维发育的关键因素是什么？著名心理学家让·皮亚杰用了一生的精力来研究这个问题。让·皮亚杰是儿童心理学、发生认识论的创始人。他原本是一位生物学家，后来开始对"人的认识能力怎么来的"这个问题感兴趣。他想知道：出生时连对外部的感觉都还不灵敏的人，后面为什么会发展出如此复杂的认识能力，特别是思维能力。此后他转向了心理学研究。

让·皮亚杰的研究结论是：人的思维能力是由动作内化而来的。儿童借助动作与外界相互作用进行思维活动；随着活动的积累，心理的成熟，人类逐步学会了摆脱动作、形象等支持手段，直接用语言符号进行思维活动。这就是说，思维的发展需要来自活动情境中的各种因素的刺激。如果一个人从小就被剥夺了活动，比如长辈过度照顾，不让自己活动，或受空间等因素的影响而缺乏充分活动所需要的条件，他的思维发

让·皮亚杰在观察儿童活动

展就会受到严重影响。当个体的抽象思维发展起来后，活动仍然是使得他的思维变得越来越复杂、越来越灵活的重要刺激因素。青少年、成人可以从复杂知识的学习中获得思维能力，比如学习数学可以刺激我们精确思维能力的发展，但在活动中获得的思维能力更有助于我们适应现实环境。

劳动是一种以劳动成果为追求目标的特殊活动，是一种过程更复杂、目标更具确定性的活动。这种活动更有助于刺激我们思维能力的发展。在劳动过程中，手指会做一些复杂、精细的动作，这会促进大脑血流量的增加，从而使个体的思维更加敏捷。让·皮亚杰的研究说明，不进行一定量的劳动，人的思维发展会受到影响。比如，当我们长期缺乏劳动时，思维会变得越来越迟钝；在繁忙的工作、学习之余安排一点时间从事劳动，会使得自己的身心更加放松，思维更加活跃，注意力更容易集中，就是这个道理。

（四）劳动是社会能力发展的基础

马克思说：人是一切社会关系的总和。人是什么？人成为人，不仅是因为有着人的生理结构，有着人应该掌握的知识和能力，更重要的是每个人身上都有着非常复杂的社会关系，如家庭关系、亲戚关系、朋友关系、同学关系、合作者关系、同事关系、上下级关系等。社会是一个非常复杂的关系网络，每个人都是这个网络中的一个节点。这个复杂社会关系网络中的每一个个体，都必须掌握良好的社会能力，这既是社会关系网络正常运行的需要,也是每个个体适应这个社会关系网络、健康生活的需要。不具备良好的社会能力,就会出现社会适应不良问题。

在人类所有活动中,劳动是最为重要、最为基本的活动形式。一个成年人的大部分时间都要用于工作,人们的最大利益也与工作相关,因为工作是人们获得收入的重要途径。因此,在劳动中形成的人际关系,如同事关系、上下级关系,是人类最为基本的社会关系。早期人类由于生存需要聚居在一起,社会本身就起源于人类劳动。随着生产力水平的提高,有了剩余产品,于是人类开始构建起了非常复杂的社会关系。当今世界,围绕"物质"构建起的关系仍然是最为核心和复杂的关系,比如国际贸易关系、军事关系、政治关系,无不与物质财富有关。

劳动中的人际交往

劳动是最能刺激个体社会能力发展的途径之一,这是由劳动的本质特征决定的。劳动是一种以具体成果为追求目标的活动,是一种过程极不确定的活动,而且劳动往往需要以集体的形式进行,需要参与劳动过程的人合理分工、紧密合作。通过劳动过程中的合作和劳动成果的共享,人们最容易建立起紧密的人际关系。劳动对人的社会能力发展的刺激作用是其他类型的活动所不能媲美的。学习活动虽然也是在班级中进行的,老师常常鼓励学生在学习中相互帮助,但学习活动总体上还是一种个体行为,个体只有独立地进行理解、记忆、练习等学习活动,才能获得知识与能力的增长。体育活动虽然有许多是以团队形式进行的,但团队式体育活动有着清晰的规则和角色分工,每个团队成员都是按照规则、以团队分配给自己的角色进行运动的。这对个体之间结成紧密的人际关系、发展高水平的社会能力有一定局限性。

因此，尽管社会能力形成的途径多种多样，但只有深刻体验了劳动，懂得劳动在社会关系构建中的基础作用，才能真正懂得人类社会关系的本质，发展良好的社会能力。

（五）劳动是肢体运动能力、感知能力发展的条件

肢体发育是个体成长的重要内容。从出生到成熟，个体的体重要增加 20 倍左右。身体各部分增长的比例是：头颅增长 1 倍，躯干增长 2 倍，上肢增长 3 倍，下肢增长 4 倍，足部增长 5 倍。肢体发育的同时伴随着器官的成熟。

在生理成熟方面，人与动物相比很不相同。动物一出生就能独立活动，灵活地感知世界。成年动物与刚出生动物的肢体运动能力、感知能力没有太多差别，其差别主要是力量大小。而刚出生的婴儿不仅不能独立行走，甚至听觉、视觉都还处于非常混沌的状态。出生时的脆弱，一方面说明人的肢体运动能力、感知能力有巨大的发展潜力，另一方面说明人的肢体运动能力、感知能力发展必须依靠后天的活动。

锻炼人的肢体运动能力、感知能力的活动形式多种多样。现代人比较喜欢通过体育活动进行锻炼，但劳动对肢体运动能力、感知能力发展的作用是体育活动所不能取代的。体育活动通常能提升肢体的力量和整体协调性，对于个体精细动作的发展作用则比较小，而劳动在这个方面

> **小活动**
> 思考一下，关于劳动对人发展的作用，除了以上阐述的几点，你还能想到其他作用吗？

制作陶器

有着非常好的促进作用。如果劳动这种方式运用得当，人的肢体运动能力、感知能力能发展到令人惊叹的程度。比如通过练习，手表匠能装配精密度极高的手表，推土车司机可以驾驶大型推土车打着树立在地上的小小打火机，商店售货员可以随手抓出所需重量的糖果。人类肢体运动、感知能力的发展潜力是极大的。

现代社会生活环境有了很大变化，从整体上看，生产、生活中体力劳动的比重越来越少，个体日常活动的场所与生产劳动的场所距离越来越远，使得人们离劳动越来越远，进而越来越不喜欢劳动。生活环境的这种变化对我们的肢体运动能力、感知能力发展已经造成了极大伤害。有的青少年反应迟钝、过于肥胖、高度近视，都与缺乏劳动，肢体没有充分活动有关。

高度近视

四、积极主动地通过劳动促使自己各方面协调发展

以上科学知识告诉我们，积极参加劳动，既是社会对其每个成员的要求，也是个体自身发展的要求。我们各个方面的协调发展均有赖于积极参与劳动。如果长期不参加劳动，不仅可能四肢乏力、不灵活，而且可能会精神萎靡不振，对周围的事物缺乏兴趣，思维变得缓慢、不灵活。劳动的确比较辛苦，尤其是需要付出较多体力、脑力的劳动。但没有付出，怎么会有收获？参与劳动需要从此刻做起：

（1）选择自己感兴趣的劳动。每个人除了必须从事职业劳动以获取生活资源，还应在生活中选择一些自己感兴趣且有条件实施的劳动，并坚持下去。这些劳动要习惯化，成为自己生活的一部分。比如烹饪、打扫卫生、种植花草、修理物品等。这些劳动在为我们的生活增添情趣色彩的同时，也带来了许多实惠的享受，使我们的生活变得更加美好。

（2）下定决心从此刻开始劳动。从事劳动需要的是下定决心，从此刻行动起来。只要有决心，迈出了第一步，你就会发现劳动其实并没有预想的那么辛苦，尤其是在有了大量工具可供使用的现代社会，劳动已经变得轻松很多。相反，劳动会给予我们充实感、自主感，劳动成果带给我们的喜悦更是其他成果所不能比拟的。

（3）学会从劳动中学习。劳动可以给我们的身心发展带来许多益处，但这些益处多数是不会自动产生的，需要我们对劳动过程进行仔细观察，认真体悟，深入反思。有的人从事了一辈子艰辛的劳动，但他们从这些劳动中获得的，只有自然产生的劳动成果和强壮的身体，而没有意志的提升、知识的丰富和思维的敏锐。这是为什么呢？因为他们在劳动过程中缺少反思和有意识的学习。要使劳动成为身心发展的重要途径，我们就需要学会从劳动中学习。

从劳动中学习的方法主要包括以下三种：

（1）观察与模仿。通过观察与模仿他人的劳动过程，来获得劳动知识和劳动技能。我们在生活、劳动的过程中会发现很多需要解决的问题。比如，发现烹饪肉类菜品时总是容易粘锅，希望解决这个问题；在家里发现了很多蚂蚁，需要灭蚁；等等。那么，从哪里能获得解决这些问题的方法呢？直接的方法是询问周边的人，如教师、父母、亲友、同伴，观察他们的操作方法，并进行模仿。另外，现在是网络时代，在网上可以很容易地搜索到解决这些问题的方法说明或演示视频，通过阅读方法说明或观看视频，通常就能获得解决这些问题的有效方法。

（2）感知与总结。主动感知自己的知识和技能在劳动中的有效性，有意识地总结其中的规律。常常可以看到，劳动中的许多技能，即使劳动者对规则、方法已经掌握得很熟练了，甚至还观察了别人的劳动过程，而且劳动内容并不复杂，但自己操作时还是会出现许多差错，结果总是不能令人满意。怎么办呢？解决这个问题的方法就是亲自操作，认真感知劳动过程，并总结操作过程中具有个性的方法，这样就能把通过学习获得的普遍性规则、方法转化为自己的技能。比如，把一个钉子钉到墙面上，用于挂画，这样一个看似简单的操作，如果不通过对操作过程的不断感知和总结，那么大多数人都操作不好。

（3）尝试与验证。在劳动过程中经常会遇到运用已有方法和技能所不能解决的问题。这种情境一方面会让我们遭遇劳动过程的挫折感，另一方面也给我们提供了进一步思考并获取新方法的机会。遇到这种情况，我们首先要有积极的应对心态，不要躲避问题。然后要努力假设解决问题的各种可能的方法，并按解决问题的可能性、操作的便利性依次进行尝试，验证所提出的方法的可行性。如果有多种可行的方法，那么还可通过比较来获得效果最好、最为简便的方法。许多重要的技术发明就是这样产生的。

比如，我们要在房间天花板上贴点东西，如果有架梯子就可以解决问题了。但如果没有梯子，那么该怎么办呢？是不是该放弃？拓展思路后可以发现，有多种途径：借助工具，爬到高处；加长手臂的长度；让东西自己贴上去……每种途径又有多种办法，除了用梯子、桌子、凳子等帮助自己靠近天花板，还可以请人把自己举高；使用杆子可以加大我们手臂触及的范围；把东西粘贴到球上面，然后把球扔到天花板上……通过假设、尝试与验证，既可以解决劳动中的问题，还能帮助我们养成解决问题的思维。

联系实际

近年来北京、上海、广州、深圳等大城市出现了一种新现象：越来越多的城市居民到郊区租地种菜，有的地方还出现了专门给城市居民提供租地服务的公司。到田间亲自种植已成了一种新时尚。

田间劳作非常辛苦，尤其是夏天，头上骄阳似火，地上热浪滚滚。本可以在家里享受舒适生活的城市居民为什么要来吃这份苦？

通常，大家把城市居民的这一行为归因于希望吃上自己亲手栽种的放心蔬菜。这的确是这一现象出现的最早动机。这样的生活安排并非只出现在我国，西方国家早已有之。它起源于瑞士，并在日本、德国、马来西亚等国家得到发展。人们为了寻找到放心食物，与愿意出租土地的农民进行合作。

然而，如果只是为了获得放心蔬菜，那么城市居民完全没有必要自己去耕种土地，他们可以把土地委托给农民来耕种。而且，随着人们对食品品质要求的提高，在城市的超市里已经能够方便地买到品种齐全的放心蔬菜。到农村租地种菜也并不省钱，从经济角度看并不合算。那么，为什么还是有那么多城市居民不畏户外劳作的辛苦到农村租地种菜呢？这里面有着更深层的动机，那就是通过劳动放松身心，提高动手能力，体验丰收的喜悦，感受大自然。

快节奏的生活、拥挤的城市空间，使得城市居民心理压力大，焦虑感比较强。到农村租地种蔬菜，踩在松软的土地上，呼吸着清新的空气，沐浴着和煦的阳光，撸起袖子，舞动锄头，挥洒汗水，欣赏着自己辛苦劳动的成果，他们收获的不仅仅是蔬菜，更是无比放松的身心和满足感。劳动是锻炼身体的最好途径。他们认为，在田间地头、在阳光下劳动，比在健身房里锻炼更健康、更快乐！

1. 体验过程

请同学们坚持每日整理房间,保持干净整洁的环境。认真体会劳动过程,重新思考整理能给我们带来什么好处,并把思考结果填入下表。

此刻行动
★★★★★

劳动内容:

涉及的他人:

反思内容	观点
肢体运动能力、感知能力的变化	
知识的变化	
思维能力的变化	
意志的变化	

续表

反思内容	观　　点
人际关系的变化	

填写人：＿＿＿＿＿＿　日期：＿＿＿年＿＿＿月＿＿＿日

努力将该项劳动坚持一个学期，然后在本学期结束时再次系统反思自己各方面发生的变化。

2. 克服障碍

随着我国城市化的推进，越来越多的家庭移居到了城市，住进了高层住宅。这种居住空间拉大了人与自然的距离、人与人的距离。受这种居住空间的影响，有的人长期不与大自然接触，与邻居的关系也极为淡漠。假定这种现象发生在你身上，请从劳动促进人的发展的角度，制订一份改变这种现象的行动计划。

行动计划	
一、行动目标	
二、行动方法	

续 表

	行动计划
三、行动安排	
四、行动保障	

微课　劳动是人发展的条件

第二章
劳动是社会存在和发展的基础

学习目标：能够通过分析身边物质财富来源的案例，认识到劳动是人们获取物质资料的唯一稳定途径，是人类社会存在和发展的基础。

测测自我

请仔细阅读下列问题，逐一回答"是"或"否"，并将答案标注在相应的位置。

序号	问题	是/否
1	你是否知道劳动是人类社会存在和发展的基本条件？	
2	你是否知道社会主义初级阶段党的基本路线是以经济建设为中心？	
3	你是否认同通过掠夺他国物质资料来维持国家的繁荣不能持久？	
4	你是否知道贸易和金融不是人类财富的源泉？	
5	你是否知道社会财富的最终来源是劳动？	
6	你是否知道劳动价值论是我国社会主义制度的理论基础之一？	
7	你是否认同为社会创造财富是体现我们价值的最重要途径？	
8	你是否认同通过劳动获得物质资料是人应有的责任？	

以上问题，回答"是"越多越好。

人类社会要存在和发展，首先要有物质基础，即要有饭吃，有衣穿，有房子住，有交通工具帮助我们出行。到了信息化社会，我们还需要用电脑、手机等处理信息。这些物质都是财富。为了美好的生活，我们还需要保持环境清洁，保护自然生态。美好的环境也是财富。我们要生活，就必须有财富。怎样才能得到这些财富？唯有劳动，因为财富中包含了价值，而只有劳动才能创造价值。威廉·配第说："劳动是财富之父，土地是财富之母。"当然，我们可以使用金钱来购买财富，但用于购买财富的金钱也需要通过劳动来获取，因此财富的最终来源是劳动。劳动是社会存在的根本。只有在劳动中，我们才能真正体验到自己的价值，没有劳动的人生是毫无意义的。

第二章 劳动是社会存在和发展的基础

现象评析
★★★★★

社会上好吃懒做、游手好闲的人不少,你是羡慕这些人,还是觉得这些人可耻?一些人为什么明知赌博可能倾家荡产还是要去赌博?近年来传销、金融诈骗案例不少,为什么已经知晓许多惨痛案例,而且骗子的骗术一点也不高明,还是会有那么多人上当受骗?一个国家真正的经济支柱是什么?当今社会,劳动还能致富吗?

请自己思考,也可以与小组成员一起讨论,得出小组共同的观点。

问　　题	观　　点
好吃懒做、游手好闲的人为什么可耻?	
传销、金融诈骗屡屡得手,有什么思想根源?	
仅仅依赖金融业,国家能否长久地繁荣昌盛?	

续 表

问　题	观　点
劳动还能致富吗？	
一个人有了轻松挣钱的途径（如靠出租家里房屋收取租金），为什么还要参加劳动？	

现象一　有些人好吃懒做，不愿付出劳动，只想过衣来伸手、饭来张口的生活，到了应该参加工作的年龄，却不去上班，待在家里"啃老"，因为他们觉得这样的生活很舒服，劳动太辛苦了，挣的钱却不一定多。这些人离开父母独自生活依然会很懒，连做饭、洗碗、洗衣服、收拾房间这些简单的家务活也不愿意干，每天的生活就是躺着看手机，看电视剧，玩游戏，或者到处溜达，生活一团糟。

现象二　有些人嫌劳动太辛苦，挣钱速度慢，觉得传销、诈骗、放高利贷来钱快，就铤而走险，结果上当受骗，造成很大的财产损失。2023年9月，湖北省孝昌县公安局抓获一名涉嫌组织、领导传销活动的犯罪嫌疑人李某。李某为"拼拼有礼"平台主要成员之一。该平台号称"在家躺赚"，假借"拼团购物"，以发展人员数量为计酬返利依据，通过远远高于普通投资理财产品的回报率鼓动引诱他人参与，涉及全国31个省市100多万人，许多人血本无归。

现象三　国民经济可划分为实体经济部分和虚拟经济部分。实体经济是通过劳动直接创造财富的经济，虚拟经济是从信用关系和信用制度中产生的虚拟资本衍生出来的经济活动形态，如股票、债券、商业汇票、银行汇票等。现代市场经济需要虚拟经济和实体经济协调发展。然而有些国家开始忽视实体经济，过于重视虚拟经济，结果导致国民经济结构失衡，冲击到全球经济，引发全球经济衰退。美国的次贷危机就是一个例子。以先进制造业为核心是我国的经济发展思路，制造业是我国的立国之本、兴国之器、强国之基。我国是世界上唯一拥有联合国产业分类目录中所有工业门类的国家，是世界上第一制造业大国，经济合作与发展组织（OECD）发布的数据显示，截至2023年，中国制造业总产值占全球的比例高达35%，这一数字不仅远超其他国家，甚至超过了全球制造业排名第二至第十名的国家总和。

我们生活在一个物质比较丰富的时代，当代青少年大多数没有体验过缺衣少食的生活，不懂得物质匮乏年代的艰辛，以至许多人甚至不能体验到物质资料的重要性。然而物质资料是一个社会得以存在和发展的基础，物质资料生产是国家最为关注的内容，是政府工作的核心。

提升认知
★★★★★

一、获取物质资料是人类社会存在和发展的基础

现代人的生活需求多种多样，文化生活、休闲娱乐是现代人生活的重要组成部分；社会的构成要素很复杂，其正常运行需要政府管理部门、学校、银行、机场等众多机构参与，但社会存在和发展最为根本的基础仍是物质资料。只有有了一定的物质基础，人类才能发展起政治、文化、法律等各种上层建筑。

人们日常生活的保障，社会的正常运行，都必须有物质资料作为基础，比如食物、衣服、住房、交通工具等。随着社会发展水平的提升，我们所需要的物质资料越来越多，而且对高新技术物质资料的需求也越来越多。现代人已不再满足于填饱肚子，而是需要各种外观精美、口味独特的食物；我们也不再满足于仅仅有个居所，而是希望拥有环境优美、空间宽松、布局合理的房子；我们已很难适应没有高铁、飞机、手

高铁已成为人们出行的主要交通工具

机、电脑的生活。这些只是我们日常生活所需要的物质资料。除了这些，人类社会的存在和发展还需要大量用于其他领域的物质资料，如用于科学研究、文化创造、维护国家安全的物质资料。

人格心理学家马斯洛把人的需要依次从低到高划分成五个层次，即生理需要、安全需要、社交需要、尊重需要和自我实现需要。生理需要是对食物、水、空气、健康的需要。安全需要是对人身安全、生活稳定以及免遭痛苦、威胁或疾病等的需要。社交需要是对友谊、爱情以及隶属关系的需要。尊重需要是对荣誉、成就、名声、地位和晋升机会的需要。自我实现需要是对发挥潜能、实现个人价值的需要。尽管每个人的需要有不同层次，但生理需要是基础。这其中除了生理需要的满足需要以物质资料为条件，其他各个层次需要的满足也都需要一定的物质条件作支持。

因此，获取物质资料是人类社会的基本活动，是人类经济活动的核心。世界各国均把国内生产总值（gross domestic product，缩写为GDP）的增长看作社会发展的核心指标。国内生产总值由农业、工业和服务业三大产业的生产总值构成，而农业、工业所从事的活动均是物质资料的生产。随着经济发展水平的提升，人们对服务有了越来越多的要求，生产技术水平的提升也使得人们有越来越多的精力从事服务工作，因此，在发达国家的国内生产总值构成中，服务业占的比重越来越大。尽管如此，工农业仍然是基础。农业发展不好，会影响到食物供给，使社会处于不稳定状态；工业发展不好，一个国家的国内生产总值总量很难有大幅度的提升，国民的生活也很难达到富裕水平。

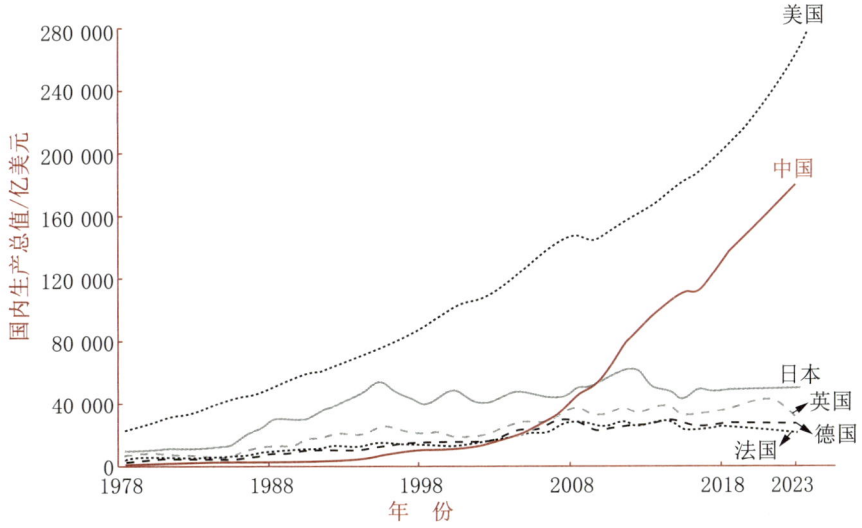

1978—2023 年美国、日本、德国、法国、英国与中国国内生产总值发展趋势比较

中华人民共和国成立 70 年多来，从一穷二白发展成一个体量超过 100 万亿元人民币的经济体。1952 年，我国国内生产总值仅为 679 亿元人民币。2020 年我国国内生产总值约 101.4 万亿元人民币，比上年增长 2.2%，是全球主要经济体中唯一实现正增长的经济体；按年平均汇率折算，人均国内生产总值连续两年超过 1 万美元；占世界国内生产总值的约 17%，对世界经济增长的贡献率持续提升。从 1949 年时的百废待兴到 1986 年经济总量突破 1 万亿元人民币，我国用了 37 年；从 1 万亿元人民币到 2000 年突破 10 万亿元人民币大关，我国用了 14 年；从 10 万亿元人民币到 2020 年超过 100 万亿元人民币，我国只用了 20 年。

国民生产总值的增长不仅意味着我国经济总量不断增加，而且表明我国经济发展的质量在稳步提升，人民生活在持续改善，这为我国实现全面小康社会打下了坚实的基础。在这 101.4 万亿元人民币的国内生产总值中，第一产业占 7.7%，第二产业占 37.8%，第三产业占 54.5%。2023 年，我国国内生产总值更是达到 126 万亿元，同比增长 5.2%。

二、劳动是人们获取物质资料的唯一稳定途径

人们丰富的物质资料是从哪里来的？使我们的生活变得美好的基本保障条件是什么？我们获得物质资料的基本途径是什么？对这些问题，

不同的人可能有不同的想法。简单的想法是希望有便利的途径获得物质资料，比如直接从自然界获取。自然界的确蕴藏着非常丰富的可供我们使用的资源，自然生长的动植物可以给我们提供食物，石头、树木、竹子可供我们建造房屋，石油、天然气可以给我们提供能源。这些物质资料尽管都存在于自然界，但要成为可利用的物质资料，通常都要通过劳动来实现。

然而，人类社会要存在和发展，不能仅仅依靠自然界直接提供的物质资料，因为这些物质资料的供给是处于不稳定状态的。它们的供给受地理环境、气候的影响很大。比如，如果遇到干旱年，所有的植物都干死了，动物也因为没有了食物来源而几乎灭绝，那么人类该吃什么？因此，早在远古时代，人类便意识到了主动利用自然、改造自然的重要性。原始人把石头制作成石质工具助力种植、狩猎活动，这些活动就属于劳动。而且人类并不满足于获得保障最低生活需要的物质资料，而是希望自己的生活变得更加美好，比如希望穿丝绸制作的衣服，住高大、宽敞的房屋，乘坐速度极快的交通工具。这些物质资料是自然界无法直接提供的，需要人类运用智慧并通过劳动去制造。

当今世界确实存在通过非劳动途径获得丰富物质资料的国家或个人，如通过恶意发动战争等卑劣手段对弱者的物质资料进行掠夺，通过所掌握的资本优势、技术优势对他人的物质资料进行剥削，或是通过投机手段来占有他人的物质资料。这些手段都是不可取的。其原因在于它们不是非法的就是不符合道德的，要受到法律的惩罚或道德的谴责。此外，还有一个最根本的问题，那就是这些手段都是不可持续的，它们并不是维持繁荣、富裕的根本途径。世界上没有永不战败的国家，没有从来不会丧失资本、技术优势的企业，也不存在投机从无失误的个人。为什么有的人家境已经很富裕了，且拥有的财富在正常情况下足够几代人赖以生活，却还要努力工作？道理就在这里。只有劳动才是能够让我们源源不断地获得物质资料的唯一稳定途径。

基于这个基本道理，经济学家们形成了一个著名的理论，即劳动价值理论。该理论认为，劳动是商品价值的唯一源泉，劳动不仅创造出新价值，还把劳动对象等生产资料的价值转移到商品中去。评估一件产品的价值的唯一尺度，是包含在产品中的无差别的人类劳动。比如同样是竹篮子，一个很精美，一个则比较粗糙，那么在市场上的销售价格，肯

小活动

想一想，在智能化时代，机器是否能取代人类的所有劳动？崇尚劳动的道德观念还有必要存在吗？

定是精美的比粗糙的要高,这是为什么呢?因为精美的篮子蕴含了更多劳动,它承载的价值更大。

一分劳动,一分收获

经济学家们在研究这个现象时,试图理解的问题是:人类社会的财富究竟是靠什么创造出来的?这个看似极简单的问题,曾经在近代困扰了人们数百年时间。因为在现实生活中,存在许多能够获取财富的途径。比如,16世纪到17世纪中后期,英国有学者认为,只有海外商业贸易活动才是国家的财富之源,这就是后来的重商主义。

劳动创造价值,是古典经济学和马克思主义对国家财富最终来源的科学解释,是对价值来源的唯一正确解释。劳动价值论最早由17世纪的古典经济学之父威廉·配第提出。他撰有《赋税论》。18世纪中后期和19世纪初叶,著名古典经济学家亚当·斯密和大卫·李嘉图对劳动价值理论的形成做出了重大贡献。亚当·斯密撰有《国富论》,大卫·李嘉图撰有《政治经济学及赋税原理》。19世纪中期,马克思在《资本论》中继承了亚当·斯密、大卫·李嘉图理论的科学成分,并在方法论和学说体系上进行了深刻改造和重要创新,提出了自己的劳动价值理论。他在劳动价值理论的基础上进一步科学地创立了剩余价值理论以及后来的利润、平均利润理论,认为资本主义生产追求的是剩余价值,而不是使用价值。随着生产力的发展,资本主义生产关系将成为生产力发展的阻碍力量。

劳动价值理论认为劳动特别是生产劳动,是创造财富价值的唯一源泉。在市场经济中,出租土地、房屋,以股东身份参与投资也能获得收益，但这不是因为这些资本的拥有者创造了价值，而是因为他们有根据资本获得收益分配的权利。人类只有对自然界施加劳动，才能使自然界万物增加价值，否则我们拥有的就只有自然赠予我们的原始使用价值。超市里的一根针也不能无偿拿走，否则就是小偷；野外出现一只野兔，却会有许多人同时去追赶，这是为什么？就是因为超市里的针是人们施加劳动后获得的财富。

三、劳动价值理论是我国社会主义制度的重要理论基础

马克思

中国共产党改造世界，推进中国特色社会主义伟大实践，其思想基础之一就是马克思的劳动价值理论。

马克思的劳动价值理论是其政治经济学的核心与基石。运用劳动价值理论，马克思发现了资本家剥削工人的秘密，那就是利用他们掌握的资本控制工人通过劳动创造的价值的分配权，无偿占有工人创造的剩余价值。表面上资本家雇佣工人到工厂做工是支付了工资的，是平等交换，但事实上资本家付给工人的工资远低于他们通过劳动创造的价值。劳动创造的价值减去工人的工资就是剩余价值。这部分价值被资本家占有了。这就是资本家剥削工人的方法。

剥削他人的劳动成果不仅是可耻行为，而且给社会经济发展带来了不可克服的矛盾，其表现形式是经济危机的周期性爆发，这导致财富的极大浪费。资本主义制度已成为阻碍社会进步的拦路石。因为资本家借助对资本等生产资料的掌握，控制了工人创造的价值的分配权。贪婪的本性使得资本家总是把少部分价值分配给工人，大部分价值则留给自己，这就导致大部分工人的购买力很弱。而资本家为了榨取更大的剩余价值，又需要扩大再生产。资本家生产的产品越多，无法销售出去的也就会越多。不能销售出去的产品积累到一定程度时，就会导致经济危机的爆发。发达国家通过经济全球化，建立世界工厂，把剩余产品销售到其他国家去，可以在一定程度上缓解这个矛盾，但资本主义制度的根本缺陷无法消除。富人与穷人财富的巨大差距，就是资本主义制度的根本缺陷造成的。

要彻底解决这个矛盾，唯有推翻资本主义制度，建立人人平等地参与劳动、各尽所能、按劳分配的社会主义制度。因此，确立正确的劳动观念，是我国社会主义制度的根本要求。

四、人们在为社会创造财富的同时也创造了自己的价值

按照马斯洛需要层次理论，人最高层次的需要是自我实现需要。每个人都希望自己的潜能能够充分发挥出来，但是潜能发挥需要载体，从哪里能够寻找到所需要的载体呢？

当我们在学校学习时，学习是潜能发挥最重要的载体。家长、社会和学校总是根据学生的学习成绩来判断其能力高低。人们非常相信学习成绩有预测作用，认为学习成绩好坏决定一个人一生的发展。然而，研究发现，学生的在校成绩与将来的职业成功关联度不是很高。这是因为工作需要的能力与学习需要的能力是有差别的。除了知识，职业成功还要受许多其他因素的影响。在校学习成绩好，能为个体未来的职业生涯发展打下良好基础，但在校学习成绩不是很理想，并不意味着个体的职业生涯就一定没有前途。

学习阶段只是为工作做准备的阶段。学校学习结束后，毕业生就要进入工作世界。一个人价值实现的真正载体是工作。工作是职业化劳动，个体通过它能为社会创造财富，为自己获得报酬。社会也需要每个人通过工作来创造财富。工作是社会需求与个体需求的结合点。通过工作，我们的知识得以增长，能力得以提升，且工作中获得的知识和能力是最为实用的。如果在工作中表现良好，那么个体还会获得职务升迁。无论是创造财富、知识增长、能力提升，还是职务升迁，都会给我们带来强烈的自我价值感。家庭经济状况良好、不需要通过工作来获得报酬的人仍然坚持工作；许多人退休后会有强烈的失落感，非常希望重返工作岗位，都是因为工作能够给他们带来强烈的成就感、价值感。

因此，通过劳动为社会创造财富的作用是相互的。劳动的确很辛苦，但劳动给人们带来的强烈价值感是其他途径无法提供的。

五、通过劳动为社会创造财富是我们应有的责任

社会是由个体组成的，我们每一个人都是所处社会的一分子。社会要良好地运行，需要每一个人遵守它的运行规则，为它贡献一份力量。

小活动
讨论一下，"获得报酬"和"寻找自我价值感"，哪项是从事工作的第一目的。

这就要求我们树立公共意识，认识到社会对我们行为规范的要求，并主动承担自己应该承担的责任和义务。大学生是未来社会主义现代化建设的重要力量，也是习近平总书记寄予厚望的群体，因此弘扬劳动精神，践行青年担当、通过劳动为社会贡献财富是我们应有的责任。这要求我们至少做到以下四个方面：

（1）自己的事情自己做。个体在年幼的时候，受身体力量的限制，没有能力参加劳动，在日常生活中需要长辈照顾，这正如人衰老以后，身体功能衰退，需要年轻人照顾一样。这两个阶段的个体不从事劳动，是为社会所接受的。尊老爱幼是人类的美德，体现了人类的互帮互助。这是每个人一生都要经历的发展阶段。但是随着年龄的增长，当我们有了一定的力量时，就要主动帮助父母承担一些力所能及的家务，至少自己的事情自己做，如打扫、清洁、整理自己的房间，清洗自己的衣服，不要什么事情都靠父母（有的人甚至每天起床后床上的被子也要等父母来整理）。因为他人为我们每做一件事情，都意味着要为此付出劳动，即使是父母的劳动，我们也不能视作理所当然。

（2）珍惜他人对自己的帮助。在工作和生活中我们要互相帮助，这是人类的美德。因为每个人的能力都是有限的，有些人拥有这方面的能力，有些人则拥有那方面的能力。当我们互相帮助时，能力产生了叠加效应，我们就能做成一个人不能胜任的许多事情。人类的伟大不仅在于善于创造，而且在于善于把不同人的智慧集中起来进行创造。现代社会中的大多数劳动都需要依靠团队合作来完成。团队合作能让我们拥有无穷的力量。比如，任何一个人都无法独自建造出一艘航空母舰，只有把几万、几十万人的智慧集中起来，才能建造出航空母舰。当需要他人帮助时，接受帮助是合乎道德规范的，但一定要学会珍惜他人的帮助，因为帮助中包含了他人的劳动。

（3）积极主动地参与创造社会财富的劳动。随着年龄的增长，有了更大的力量后，我们就要积极主动地参加工作，为社会创造财富。当达到法定工作年龄时，除在校生外，年轻人都应参加工作，通过职业活动为社会创造财富。现代社会的劳动已经由个体劳动演变成了职业化劳动，从事职业工作就是从事劳动。职业有不同的类别，有的职业对体力要求更多，有的职业对脑力要求更多，有的职业则对人际交往要求更多，但这只是社会分工的不同，从事这些职业工作的劳动都是人类社会所需要的。到了工作年龄的个体，应该积极主动地去寻找职业，争取获得最适合自己的工作，任何逃避劳动的"啃老"现象都是令人不齿的，因为个体不工作，就意味着他在侵占他人的劳动。通过工作，个体为社会付出了劳动，也将获得社会给予的回报。通过正常劳动获取财富，使生活变得更加美好的行为，是合乎道德的行为。

（4）尊重一切劳动者。劳动者之所以值得尊重，就是因为他们为社会创造了财富。每一个为社会创造了财富的人都值得我们尊重。比如建造港珠澳大桥的工程师、技术员、工人、管理者，没有他们的辛勤劳动，汽车怎么可能在大海上疾驰？香港、珠海、澳门之间的交通怎么会变得如此便利？即使有些劳动者，由于所从事的工作比较苦，环境比较脏，如农民、建筑工人，他们的衣着可能不够洁净、美观，但他们也应该受到尊重，因为他们同样在为社会创造财富，都是自食其力者。与那些外表光鲜却对社会财富增长没有任何贡献，只会通过非劳动途径获取财富的人相比，他们要高尚得多。

> **联系实际**
> ★★★★★
>
> 社会上有些人有"炒房"致富、拆迁致富的观念，总想不劳而获。不可否认，确实有些人通过"炒房"、拆迁获得了一些金钱，但他们如果因此而劳动观念扭曲，不再劳动，那么后果将不堪设想。现实社会中已有不少这种案例。我们真正要树立的是劳动致富观念。寻求旁门左道，投机取巧，最终都会付出代价。一个家庭、一个社会、一个国家，唯有勤劳，才能维持长久的繁荣昌盛。如果一个人抛弃了勤劳致富、自力更生的基本精神，那么不管有什么好的机遇，都不会取得好结果。一个国家不管自然资源如何丰富，制度如何健全，如果抛弃了勤劳，那么其结果都必然是走向衰败。

自然资源丰富，本来是实现国家繁荣的良好基础，却可能因此而导致经济结构失衡，致使经济停滞、衰退。这种现象被称为"荷兰病"，特指中小国家经济的某个初级产品部门异常繁荣而导致其他部门衰落的现象。第二次世界大战后荷兰经济发展状况良好，各个领域都很繁荣，通货膨胀率很少超过3%，国内生产总值增长率基本在5%以上。20世纪60年代，荷兰发现了蕴藏丰富的天然气。然而，天然气给荷兰带来的不是源源不断的财富，而是工业增长率的下降，失业率的上升。其原因之一就在于，突然发现了某种自然资源，会导致劳动力和资本转向资源出口部门，以致制造业部门不得不花费更大的代价来吸引劳动力。

墨西哥也出现了类似情况。20世纪70年代，墨西哥发现丰富的石油资源后，石油出口在其出口总额中占的比例，由1973年的1%上升到了1978年的30%以上，1982年达到70%。当时世人非常看好墨西哥经济的发展，而其动力就是石油。实际情况却完全相反。墨西哥经济从此进入了严重下滑阶段。后来，只能靠世界银行的巨额贷款进行经济重建。而这预计需要相当长的时间。

此刻行动
★★★★★

1. 体验过程

制作一个有实用价值的手工作品。可以个人独立进行，也可以组成小组共同完成。比如制作一个有文化特色的护照夹、冰箱贴、小扇子、茶托等。课后举行一次作品交易会，然后完成下表中问题的讨论。

分享内容	观　　点
为什么别人愿意和你交换他自己的作品？	
你是按什么原则和别人交换作品的？	
作品交换成功时你有什么样的体验和感想？	

填写人：＿＿＿＿＿＿＿　日期：＿＿＿年＿＿＿月＿＿＿日

2. 策划方案

有一个地区房价快速上涨，拥有房子的人从中获利很多，导致人们的价值观念发生了严重扭曲。许多企业无心深耕原来从事的生产领域，把资金抽取出来投资房子；居民也不愿意辛勤工作，总是幻想着如何从房产投资中获得暴利，许多人甚至被房产投资的高额收益驱动铤而走险。请分小组讨论：如果任这种状况发展下去，那么将对经济和社会产生什么影响？要解决这个问题，除了政府应该采取的各种经济、金融手段，还能运用本章学习的劳动教育知识设计出什么有效策略？

策划方案	
一、问题后果分析	
二、解决方案设计	

续 表

策划方案	
三、解决方案的风险评估	
四、解决方案的效果预测	

微课　劳动是社会存在和发展的基础

第二部分

树立正确的劳动态度

态度是个体对特定对象（如人、物体、观念、事件等）所持有的稳定的心理倾向。这种心理倾向是个体主观评价的结果，并会促使个体产生有特定倾向性的行为。常见态度有喜欢、赞许、热爱、中立、嫌恶、猜疑等。是否参加劳动，从事什么样的劳动，如何进行劳动，都受到劳动态度的制约。培育劳动素养，需要在树立了劳动最光荣、劳动最崇高、劳动最伟大、劳动最美丽的观念的基础上，进一步形成正确的劳动态度。

　　接受劳动、尊重劳动、热爱劳动，是最基本的劳动态度。这些劳动态度是在深刻理解劳动的意义的基础上形成的。在劳动实践中，需要形成三种对待具体劳动任务的态度。一是要形成平等对待所有劳动的态度，社会虽然有分工，但劳动无贵贱之分，任何类别的劳动都应当受到尊重，要用平等的心态对待不同的劳动任务，在劳动中不挑三拣四，但要量力而行；二是要形成积极主动的劳动态度，要积极对待被安排的劳动任务，主动发现和设计潜在的任务，并尽心尽力地完成劳动任务；三是要形成诚信地劳动的态度，弘扬诚信文化，在劳动中不折不扣地履行自己的职责，追求高质量的劳动成果，勇于承担劳动责任。社会要健全诚信建设长效机制，为劳动者诚信劳动态度的养成提供保障条件。

第三章
劳动无贵贱之分

> 学习目标：能够结合实例，认识社会分工与职业分类，树立职业平等观，乐于从事普通劳动。

测测自我
★★★★★

请仔细阅读下列问题，逐一回答"是"或"否"，并将答案标注在相应的位置。

序号	问题	是/否
1	你是否认为劳动有贵贱之分？	
2	你是否认为从事脑力劳动会高人一等？	
3	你是否认为从事体力劳动有失体面？	
4	你是否会因家庭成员的职业感到自卑？	
5	你是否知道什么是社会分工？	
6	你是否认同"行行出状元"？	
7	你是否知道中国的职业种类？	
8	你是否畅想过自己未来可能从事的职业？	

以上问题，第1—4题如果回答"是"，则说明你认为劳动有等级差别，职业有高低之分。第5—8题如果回答"是"，则表明你认同社会分工，关注中国的职业分类。

劳动本身无贵贱之分，各行各业的人都应享有平等的社会地位，赢得他人的尊重。劳动分工和社会分工是人类社会发展进步的结果，在社会分工日益精细的当下，行业和职业之间的相互依赖达到前所未有的程度。在社会中出现对劳动和职业的歧视，主要原因在于历史上阶层、阶级的分化和世俗偏见。按照马克思主义关于阶级的观点，阶级终将被消灭，共产主义社会终将实现。那么，为了实现这个目标，作为个体的人首先要客观认识社会分工与职业分类，树立职业平等观念。

现象评析
★★★★★

一些人缺乏对劳动分工、社会分工和职业分类的正确认识，也易受一些传统观念和思想的诱导。这些现象正常吗？这些现象会给人们的生活和社会发展带来什么影响？

请自己思考，也可以与小组成员一起讨论，得出小组共同的观点。

问　题	观　点
有人认为，职业院校的学生将来多从事产业链中较低端的工作，发展的空间受限。你如何看待这种想法？	
有人认为干一行爱一行，爱一行钻一行，天道酬勤，人生最终是公平的。你认为这样的想法在现实中得到了充分的体现吗？对此，你有什么认识？	
你如何看待"劳心者治人，劳力者治于人"这种观点？你如何看待劳动分工和人的社会地位之间的关系？	

现象一　有人认为劳动无贵贱之分在理论上是行得通的，因为劳动在理论上只是分工不同而已。但在现实之中，恰恰是劳动分工的不同导致劳动者所拥有的劳动资源不同，从而形成了工作场域中的层级与不平

等的权力关系。相较于平凡的岗位和低收入的职业，人们为了追逐利益和享有更好的物质生活而更加崇尚权力大、社会地位高、收入多的职业。

现象二 有人狭隘地将劳动作三六九等区分，认为体力劳动相对"低贱"；认为不劳动便能获得高收益的人是尊贵而了不起的。例如，认为"坐办公室的"就比在生产车间从事一线生产劳动的高贵，不劳而获的人很"牛"，勤恳劳动的人太傻。此类思潮不绝，反映了正确的劳动价值观面临被扭曲的危险，"劳动最光荣"可能会沦为一句空口号。

现象三 地铁里，几位从建筑工地下班的工人们拎着工具包和石膏桶，周围的人觉得他们脏兮兮的，纷纷远离。有家长甚至乘机教育小朋友：如果不好好学习出人头地，将来就要跟他们一样，做又脏又累的活儿。

现象四 部分年轻人奉行享乐主义且物质主义膨胀，自己不爱劳动也轻视劳动，尤其瞧不起从事服务行业的劳动者。这部分年轻人认为有钱就有地位，用钱就可任意买劳动、买服务。这样的例子屡见不鲜，如开着豪车的年轻车主将空饮料瓶随手丢往车窗外，并嘲笑清洁工人的工作就是专为大家捡垃圾；炫富的食客恶意使唤餐厅服务员，他们认为餐厅服务员的工作就是专门伺候食客吃喝。而一些素质较高的年轻人则明白每一份合法工作都有其存在的社会意义，并懂得如何尊重并感谢从事体力劳动的人。例如，会对清扫马路的清洁工人说声"谢谢，您辛苦了"，会在入住酒店时对帮忙提行李的服务员说声"谢谢，您太周到了"，他们发自内心的道谢体现了对劳动者的尊重。

提升认知
★★★★★

劳动创造了人本身，也创造了世界。人类社会能发展至今，正是因为历代先民在各行各业的辛勤劳动。中华民族在历史上孕育了无数的能工巧匠。已出土的中国古代最重的青铜器后母戊大方鼎，反映了商朝后期先进的铸造业、发达的青铜文化和匠人高超的铸造技术。生活于春秋战国时期的鲁班，被尊称为木匠的鼻祖，在生产劳动中发明了许多木匠手工工具，例如曲尺、墨斗、锯子。东汉蔡伦改进的造纸术被列为中国古代四大发明之一。宋末元初的黄道婆将海南崖州的纺织技术带回松江府乌泥泾，通过改善纺织工具，传播棉纺织技术，促进了松江府和长三角一带纺织业的蓬勃发展。这些匠人大多为平民百姓，但都在生产劳动中发明创造，促进了生产力的发展，并因其社会贡献泽被后世而受人尊敬，流芳百世。

不同劳动存在差别是客观事实，不同职业对从业者能力的要求也不尽相同，这与社会结构、社会分工密切相关，但劳动的差异性被人以贵贱解读则是错误的。劳动面前应人人平等，任何对劳动的歧视都将引发社会矛盾和冲突，造成社会不公现象，也会阻碍生产力的发展。树立劳动平等观和职业平等观是社会进步的需要。

一、劳动无贵贱之分

（一）劳动的差异性与社会分工

马克思说："生产过程的智力同体力劳动相分离，智力变成资本支配劳动的权力，是在以机器为基础的大工业中完成的。"脑力劳动与体力劳动之间的分工是生产力发展的结果，伴随着社会出现剩余产品而出现。在生产资料私有制的社会形态里，脑力劳动常为剥削阶级以及为其服务的脑力劳动者所垄断，而体力劳动则由处于被剥削地位的体力劳动者承担。在社会主义制度下，所有从业人员都是社会主义建设者，不过脑力劳动和体力劳动之间仍然存在着很大的差异，工人、农民、知识分子在科学文化知识水平上的差别明显，这是由现阶段我国社会生产力发展水平不高决定的。随着社会生产力的提高、生产方式的改进、人们科学文化知识水平的提高，脑力劳动和体力劳动的差别会逐渐消失。

在浩瀚的历史长河中，人类社会随着生产力的发展和社会形态的演变，历经了远古时期的自然分工和始于原始社会末期的社会分工。以中国古代社会为例，自旧石器时代晚期进入氏族公社时期后，农业、手工业和商业先后发展成为独立和专门的职业，形成了早期的社会分工。社会分工包括社会职能分工和社会劳动分工。马克思指出，"劳动的组织和划分视其所拥有的工具而各有不同，手工磨所决定的分工不同于蒸汽磨所决定的分工""工具积聚发展了，分工也随之发展""机械方面的每一次重大发展都使分工加剧"。马克思在《1857—1858年经济学手稿》中提出"重大产品创新将带来分工和交换价值体系的内生性扩张"。

社会学先驱埃米尔·迪尔凯姆则基于功能主义从社会和谐和凝聚的角度分析社会分工，并指出存在两种社会凝聚模式，即机械凝聚和有机凝聚。机械凝聚建构于共同的信仰和怀旧情绪上，在这种模式下大多数人从事着相近的职业，社会分工水平较低。有机凝聚则是人类劳动分工的高度分化和专业化所导致的人们相互依存的结果。随着社会分工的扩展，人们越发依赖他人，因为每个人都在供应链上担当着一个角色，也都需要别的行业所提供的物品和服务。这种从社会和谐与社会凝聚的角度对社会分工的探讨支持了劳动无贵贱之分及劳动只是分工不同的观点。

（二）职业、社会结构与劳动者的社会经济地位

原始社会没有现代意义的"职业"，这是由当时社会发展程度与分工程度低下决定的。但社会的运转和人类的生存活动总是需要社会中的个体承担一定类别的工作，这些工作广泛地分布于农耕、畜牧、手工业等领域，它们以世袭的方式代代延续，逐渐具有职业的特点。从经济学角度而言，职业可以被视为个人在社会中所从事的并以其为主要生活来源的工作的种类。而从社会学视角来看，职业又与社会结构、社会地位联系在一起。例如，在中国古代的秦汉时期，随着封建王朝和中央集权制的建立，社会阶层整体上构成一种宝塔形结构，最上层为皇帝，其下是各级地主阶级，最下层则是劳苦大众。此外，在帝王之下，大批官吏不断出现，官僚体制得以充实，由此形成了秦汉时期重要的职业化阶层——吏，保证了政治体制的正常运转。在经济上，秦汉时期的君主大力推行"重农抑商"的国策，将农业视为立国之本，农民是社会人口的主要组成部分。在秦朝，农民主要通过"授田"与"租佃"两种形式在官田中劳动，与封建政权形成依附关系。而到了两汉时期，农民由自耕农民和依附农民组成。由于豪强地主对土地的兼并，自耕农丧失土地并破产，沦为依附农民。两汉时期农民数量越来越多，地位却越来越低。

《中华人民共和国宪法》（2018年修正）规定中华人民共和国是人民民主专政的社会主义国家，并声明剥削阶级作为阶级已经被消灭。职业有类别之分但无贵贱之分、职业面前人人平等是社会主义社会倡导的理念。

不过，在现实生活中，仍然有人狭隘地将职业等同于收入与人的社会地位，或者鼓吹"劳心者治人"，设想着将自己置于高高在上的凌驾于他人的特殊地位。然而，人的身份和社会地位并非仅由其职业或者经

济地位决定。社会学家马克斯·韦伯认为，地位是社会群体被赋予的尊敬或声望的差异。在社会主义中国，所有辛勤工作、诚实劳动的从业者都是社会主义建设者，他们所付出的劳动是无价的，他们都应享有平等的社会地位。

此外，劳动者的经济地位并非一成不变，社会流动是客观存在的。这种社会流动被当代社会学家们定义为"个体或群体在不同的社会经济地位之间的移动"，存在垂直流动（即社会经济层级之间的上下移动）和水平流动（即在不同社区、城镇或区域之间的地理位移）。例如，研究显示，第二次世界大战后欧洲各国、美国和加拿大等国社会不平等程度呈现下降趋势，部分原因在于这个时期工业社会中的经济扩张，为处于经济底层的劳动人民创造了就业和向上流动的机会。当前，我国正在为营造人人皆可成才的良好环境、增加一线劳动者劳动报酬等工作而努力，这些都是为普及、树立劳动平等观而实施的积极举措。

（三）树立劳动平等观和职业平等观

马克思说，商品之所以有价值，是因为其中凝结着"无差别的人类劳动"。在这个意义上，劳动是平等的，不能说一种商品中凝结的人类劳动，比另外一种商品中凝结的人类劳动更"高贵"。无论何种形式的劳动，无论劳动者从事何种职业，只要是正当的、合乎道德和法律的，都是光荣的，没有高低贵贱之分。"三百六十行，行行出状元"，青年学生要树立劳动平等观和职业平等观，尊重每一份劳动，善待每一个工作。只有从心里尊重劳动、尊重自己所从事的职业，才能真正取得成功。

不可否认的是，当前社会上还存在职业歧视现象，总有些人戴着"有色眼镜"看待部分职业，尤其是以体力劳动为主的职业。这种对劳动、对特定职业的歧视如得不到纠正，会影响社会的精神风貌，影响社会的和谐发展，也会在很大程度上影响青年学生的择业观。职业歧视的原因有很多，其中一个因素是封建社会的长期影响，森严的封建等级制度，士、农、工、商的传统分类以及工、商阶层在政治上、经济上长期受歧视的历史事实，确实对部分人的职业观念造成了不少负面影响。但是从整体上来看，不管是历史上还是现实中，中国人是崇尚劳动、尊重劳动、热爱劳动的。正是由于一代代先民充满智慧的劳动，中国才创造了灿烂的文明，取得了举世瞩目的成就，在相当长的历史时期里走在世界前列。新时代正是青年学生奋发图强的大好时机，要努力避免受到社会上的种种不良职业歧视心态的影响，敢为人先，脚踏实地，用实际行动绘制劳动平等、职业平等的崭新画卷。

当前，中国经济已经从高速发展阶段发展到高质量发展阶段，供给侧结构性改革深入推进，社会分工日益精细。每一个职业都和其他职业相互依存，每一份正当合法的职业都有其存在的价值和意义。我们不要轻视每一份"不起眼"的工作，不要轻视每一个努力劳动的人，正是这一个个"不起眼"的劳动，汇集成了中国经济的滚滚洪流，直接或者间接地为我们今日的幸福生活提供了保障。例如，2024年2月17日，中央电视台《新春走基层》栏目报道了极兔速递的一支年轻团队在阿联酋迪拜海外仓拼搏的故事。2023年，我国跨境电商进出口总额达2.38万亿元，增长15.6%。其中，出口1.83万亿元，增长19.6%，销售网络覆盖全球220多个国家和地区。海外仓数量超过2 400个。这让中国企业的触角伸得更广，离海外买家更近，带动跨境电商这一外贸新业态加速快跑。跨境电商让中国人轻轻松松地"买全球"，蓬勃发展的海外仓让中国商品漂洋过海"卖全球"。极兔速递阿联酋团队由30多名中国员工组成，几乎是清一色的"90后"。每天，超过三万件包裹从世界各地汇聚于迪拜的这座海外仓。卸货、扫码、分拣、装车，处理完的包裹从这里出发，被送往中东和北非各地。其中，大多数包裹都来自中国。30多名操作员通宵达旦才能处理完一整天的包裹量。凌晨两点，这群年轻人才能坐下来，加个餐，歇一歇。凭着中国年轻人的拼劲、闯劲和韧劲，极兔速递在进驻迪拜两年多的时间里，从无到有，成为当地包裹处理量前三的物流企业。正是因为这群敢想敢拼的中国物流人，我国海外仓数量和规模持续增长，成为中国制造的"出海"利器。因此，为构建和谐的劳动关系，人们必须树立劳动平等、职业平等的观念。

二、重视劳动体验

古语说："民生在勤，勤则不匮。"勤劳是中华民族的传统美德。然而，在物质生活较为富裕的当下，有些人自幼过着饭来张口、衣来伸手的生活；有些人奉行享乐主义，认为洗衣、做饭是可以用钱买到的服务；还有些人对劳动有性别歧视，认为洗衣、做饭都是专属于女性的活，男性要"成大器"不能为家务所累。这些懒惰的行为和偏执的思想与尊重劳动、热爱劳动的社会主义新风尚背道而驰。

当我们抛开所谓的三六九等、享乐主义、贵贱之分等观念，能够正视劳动的意义时，我们就会发现劳动在人类的生存发展中起着积极的作用，它不仅是我们谋生的手段，能使我们学会生活技能，还能增强我们的自立自强精神。白求恩大夫在1938年来到抗日前线的战地医院时，发现前线医院大量缺乏药品和医疗器械。他动员当地的军民自己动手制作简易病床和工作服。当时医疗队的很多手术器材和药物都是由牲口驮运的，而为了防止药瓶子被撞碎或打翻，白求恩大夫设计了草图，与当地人民一起制作出了简易的药架子。他本人曾诙谐地说，一个战地医生，应该学会木工和铁匠的手艺，这样才能根据伤员的需要改进医疗设备。

许多国家从幼儿园时期就开始对学生进行劳动意识的启蒙，帮助学生自幼树立正确的劳动意识，在基础教育阶段就将培养学生的社会生存能力、法治意识和动手能力适切地融入课程。例如，在加拿大，各省的高中生必须做满几十个小时的义工才能拿到高中毕业证。学生们一般会在学校、社区中心、非政府组织等机构做义工，照顾小孩、义教、陪伴式护理都是非常常见的义工活动。而学生们通过义工工作，体会到不同职业的意义和重要性，且能在奉献和服务于社会的同时收获社会的认同。父母也鼓励合法年龄的孩子在寒暑假从事兼职工作，培养孩子自食其力的意识，无论是在快餐店做服务员，还是在超市做收银员，只要是诚实劳动都是受社会鼓励的。许多学生都兼具几重身份，除了学生，还有社区义务工作者、社团成员、兼职企业员工等。我国于2017年将劳动设为高中阶段必修课，要求高中生在三学年内累计课外从事志愿者服务不少于40小时。无论是打扫卫生等生活劳动，参加植树、秋收等公益性生产劳动，还是去福利院做义工这样的服务性劳动，只要积极参与劳动就有助于年轻人接触社会，深入生活，也有助于社会形成较为统一的价值观。

教育家苏霍姆林斯基认为在教学初期，儿童的体力劳动带有很强的认识目的，即摸索大自然的规律性，认识劳动的创造性，学习各种技能和技巧。这种目的把认识性劳动和生产劳动区别开来。他提出从认识性劳动向生产劳动过渡这一说法，并认为学生从学习向生产劳动过渡，在相当大的程度上取决于认识性劳动的性质和内容。学生按部就班地参加包含生产劳动成分的认识性劳动，使他们由学习向生产劳动的过渡成为一个十分自然的过程，而且不产生任何副作用。无论是生活中不起眼的手工劳动，还是种树养花等体力劳动，在苏霍姆林斯基看来，都会使每个受教育者获得同生产劳动密切相关的和个人生活中必不可少的技能和技巧。他认为目的各异的认识性劳动有利于帮助学生做好投入劳动生活的全面准备。

在现实生活中，自幼养成从事认识性劳动的习惯，珍视身边一切可以动手劳作的机会，哪怕是拧螺丝这样微不足道的手工活，都有助于我们发现自身的兴趣与潜质，培养探索精神。在日常生活中，如果我们积极参与家务劳动、校内劳动、校外劳动，获取各种劳动体验，认识各种劳动的意义与价值，那么日后走上工作岗位从事生产劳动就会觉得这是一件非常自然的事，而且也会更加认同并热爱自己的工作。

三、从事适合自己的工作

不同于传统智力理论对智力的单一量化评估及对智力狭隘的一元解读，教育家、心理学家霍华德·加德纳在1983年出版的《智力的结构》一书中提出"智力是为某种或多种文化环境所重视的解决问题或创造产品的能力"这一新理念。他将人类的智力描述为一个复杂的范式，并在之后的研究中发现每个人具备至少8种不同的智力，如逻辑数学智力、音乐智力、语言智力、身体运动智力、空间智力、人际关系智力、自省智力、自然智力。这些不同类型的智力同等重要，并构成了每一个人独特的认知轮廓。此即当代在世界各国产生了积极影响的多元智能理论。在加德纳看来，每个孩子都是一个潜在的天才儿童，只是经常表现为不同的形式。在日常生活中我们会发现，会计师、精算师和科学家常常表现出较强的逻辑数学智力，音乐家和作曲家在音乐的表达和创作方面展示出了发达的音乐智力，诗人、作家或演说家拥有强大的语言智力，销售人员、公共服务人员、外交官常常会显示出他们出色的人际关系智力，等等。这些说明，每个人都拥有某种甚至数种出色的智力，各有所长。

在理想的和谐社会中，人们各尽其能，各得其所。然而在现实生活中，我们时常发现学生对于职业和工作有着不切实际的执着与期许，眼高手低，有的人甚至走了很多弯路才认清现实，发现自己最适合从事的职业。这些人通常对职业有着高低贵贱的看法，许多人崇尚权力大、收入高的职业。例如，通常他们认为公务员是有权力、很体面的工作，自己未必适合也要去考公务员；看到他人辍学开公司当老板赚钱多，便觉得读书没用，要去经商挣大钱；看到他人学金融、学会计挣钱容易，即使不感兴趣也要挤入这个行业；看着他人炒股挣钱快，于是放弃本职工作去跟风。在生活中，这样的例子比比皆是。而造成这些人不切实际择业的原因主要在于他们对劳动和职业缺乏正确的认识，以及对自身不了解，以至于在择业时无所适从，无法为自己准确定位。

心理学家戴维·麦克利兰曾于1973年提出胜任力这一概念，之后斯宾塞等人将胜任力视为人的潜质，并归纳了胜任力的五个层面：知识（个体所拥有的特定领域的信息、发现信息的能力、能否用知识指导自己的行为）、技能（执行某种体力或智力工作的能力）、自我概念（个体的态度、价值观或自我形象）、特质（个体的生理特征和对情景或信息的持续反应）、动机（个体行为的内在动力）。在这五个层面的基础上他们建构了关于胜任力的冰山模型。他们认为一个人的知识和技能是可见的、外显的，因而像漂浮于水面的冰山部分；而自我概念、特质、动机则是人个性中较为隐蔽的、深层的部分，是隐于水下的冰山，是决定人的行为表现的关键因素。工作中需要用到的技能与知识等外显特征，在大多情况下可以通过后天的修习而获得；内隐特征则相当复杂，一个人究竟具备哪些潜质，究竟适合从事何种劳动、何种职业是一个探索性问题，需要在日常生活和劳动中不断地反思并发现自我。

被称为"宇宙之王"的霍金，其实在少年时期也并没有表现出异于常人的佳绩，但他有一个特点，就是喜欢把家里的物件拆得七零八落，喜欢设计复杂的玩具，制作模型飞机和轮船，在少年时期显示出了超强

胜任力冰山模型

的好奇心和动手能力。霍金的名言"无论生活看起来多么糟糕,总有你可以做并能做成功的事情",鼓励我们要努力发掘自己的胜任力,进而争取从事适合自己的工作。此外,任何工作都有相应的要求。想要从事心仪的工作,首先要付出相应的努力,以获得从事该工作的资质和能力。

四、正确看待职业分类

职业分类是在一定的规则、标准及方法的基础上,按照职业的性质和特点对其进行系统的划分与归类,是对社会分工的细化。就职业分类而言,国际上较为通用的是联合国国际劳工组织制订的《2008 国际标准职业分类》(International Standard Classification of Occupations,ISCO-08)。下图展示了关于厨师的描述及其类别,从中可见,厨师的工作内容涉及了厨艺以外的统筹、计划、管理、卫生等多方面的事宜,这一职业

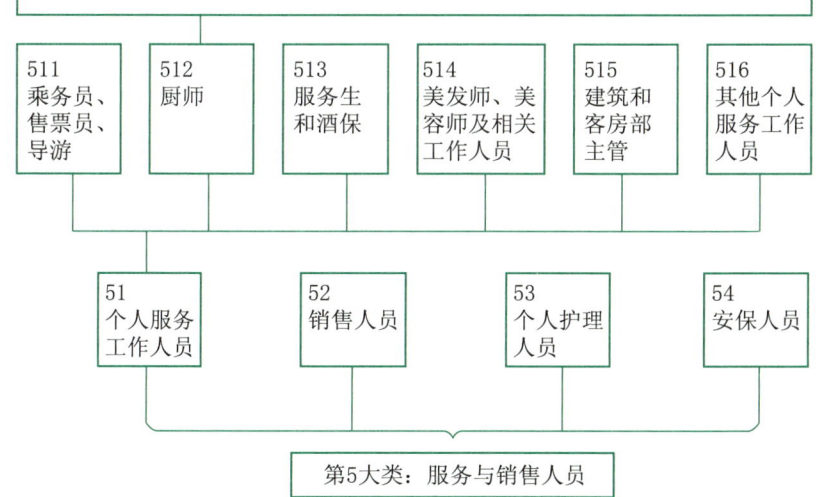

ISCO-08 关于厨师的职业描述与类别

属于职业大类中的第 5 类服务与销售人员，由此我们看出厨师绝非世俗偏见中的"烧饭的伙计"。

随着社会的发展，中国的职业结构也发生了很大的变化。第一部《中华人民共和国职业分类大典》（以下简称《大典》）颁布于 1999 年。2015 年版《大典》在先前的基础上，结合我国在社会转型时期的社会分工特点及社会与经济发展现状，进一步完善了中国的职业分类。为了适应当前职业领域的新变化，更好地满足优化人力资源开发管理、促进就业创业、推动国民经济结构调整和产业转型升级等需要，2022 年版《大典》将职业划分为 8 个大类、79 个中类、449 个小类、1 636 个细类（职业）、2 967 个工种。以高职院校婴幼儿照护服务专业为例，《大典》对于婴幼儿照护服务相关的职业类别、职业名称、工种名称做了以下分类。按中类它属于"4-10，居民服务人员"；按小类属于"4-10-01，生活照料服务人员"；职业名称为"4-10-01-01，婴幼儿发展引导员"；工种为"4-10-01-001，育婴员"。职业名称为"4-10-01-03，保育师"；工种为"4-10-01-03-001，托育师"。3 岁以下婴幼儿照护服务是生命全周期服务管理的重要内容，我国婴幼儿照护服务事业正处于高速发展期，提高婴幼儿照护服务的能力和水平，迫切需要培养大量高素质技术技能型人才。

> **小活动**
> 谈一谈你最向往的职业。

正确看待职业分类，深入了解职业内涵，有助于我们树立朴实平等的职业观，找准职业定位，做好自己的职业生涯规划。

五、在平凡的岗位上也能做出不平凡的事

无论从事何种行业与职业，只要热爱自己的工作、努力勤奋、持之以恒、精益求精，终究都能有所收获，做出成绩。

2015 年中央电视台推出了《大国工匠》系列节目，让我们了解到这些在平凡的岗位上为国家和人民做出不平凡贡献的劳动者。他们爱岗敬业，在工作中勇于创新、追求精益求精，是新时期的大国工匠。大国工匠胡双钱和他的钳工班组的工作场所位于厂房里一个不起眼的角落，他们通过手工打磨、钻孔、抛光，对那些用于大飞机上的零件作细微调整。为保证加工的准确和质量，减少事故的发生，他发明了"对比复查法"和"反向验证法"，把钳工的工作做得精确到位。在他看来，飞机零件关乎生命，做好每一件不起眼的小事意义重大。

第三章
劳动无贵贱之分

不一样的职业，同样的光荣

2023年"大国工匠年度人物"中，有一位吴顺清老先生，心怀对文物保护的痴迷，70多岁仍频繁奔波在考古现场，一年辗转上百个地方。他曾摸索出一套成熟的木漆器文物脱水保护办法，让长沙马王堆出土的辛追夫人的脚盆重现光彩；也曾另辟蹊径，运用生物技术精心培育的微生物菌群，为糟朽的楚墓丝织品华丽再现做出重要贡献，改写了世人对楚绣的认知。还有在继电保护工作中"赶时髦"的李辉，他以"试验电压法测量主变压器差动保护向量图"为课题，成功突破了利用380伏试验电压取代110千伏系统电压测试主变差动保护的难题，极大地提高了工作效率和电网运行的安全性。

这些劳动者之所以被称为"匠"，不仅是因为他们拥有娴熟的专业技能，更是因为他们具有蕴藏在技能背后更深层次的精神内涵，如积极的劳动态度、探索精神、家国情怀、对生命的尊重、对社会的责任感。许许多多像吴顺清、李辉这样的"匠人"，用实际行动向我们阐释了"工匠精神"，也用奋斗创造了一个又一个"中国奇迹"。

联系实际
★★★★★

随着快递在人们生活中的重要性越来越突出，快递员成了社会重要组成部分。在2023年庆祝"五一"国际劳动节暨全国五一劳动奖章和全国工人先锋号表彰大会上，多位快递小哥获表彰，其中有本职工作优秀、提升学历不停歇的王天生；脑子里装有"活地图"、收派路线烂熟于心的廖发根；还有打造出派件零投诉、顾客满意度100%的站点的周小洪……他们是城市物流的主力。他们早出晚归、风尘仆仆，走街串巷、风雨无阻，为商家和用户打通了运输链上的"最后一公里"。

049

王天生参加邮政邮件投递工作20多年来始终扎根投递一线，累计投递邮件100多万件，从未发生客户有理由投诉事件。不仅如此，他还积极带领部门员工提升自身素养，并且积极督促员工参与邮政技能等级考试，做到全部员工业务技能等级持证率达到100%。廖发根2009年入职顺丰，至今已有十余年。他的脑子里仿佛装上了"活地图"：从网点出发到区域内的每个地方，怎么走路线最短，往哪条路还能顺带收个件，他都了如指掌。周小洪在工作中一切以客户为中心，急客户所急、想客户所想，多年来深受客户好评，客户都对做事细心的周小洪充满信任。在他因为太忙或者其他客观原因不能及时取件的时候，客户宁愿多等一天，也要找他寄件。

无论是在乡镇还是在都市，无数个如他们一般的快递员为快递行业奉献着青春，洒下了汗水，在平凡的快递岗位上书写精彩的人生，也构成了中国街道上的一条条美丽的风景线。

此刻行动
★★★★★

1. 体验过程

组织同学开展一次社会观察和体验活动。可以分组，每个小组去不同的社会角落观察从业者的工作过程、工作态度和周遭人群对从业者的态度，并亲自体验一次所观察的工作过程。例如：一组同学观察清扫马路的清洁工人，一组同学观察从事体力的搬运工，一组同学观察餐馆里的洗碗工人。在观察之后，认真体验一下这些工作的劳动过程。结束后，每个小组总结自己成员的社会观察和体验经历，并把反思结果填入下表。

劳动内容：_____

小组成员：_____

反思内容	观　点
在社会观察中，是否发现了不尊重劳动者的现象？如果有，请列举。	

续 表

反思内容	观 点
在亲身体验的环节中，你是如何看待这份工作的？这份工作有何社会意义？你的体验改变了你之前对这类工作的看法吗？	

2. 克服障碍

留意身边关于劳动歧视、职业歧视的现象。假定这种现象发生在你身上，请制订一个克服这一现象的行动计划。

行动计划	
一、行动目标	
二、行动方法	

续　表

行动计划	
三、行动安排	
四、行动保障	

微课　劳动无贵贱之分（上）

微课　劳动无贵贱之分（下）

第四章
积极主动劳动

> 学习目标：能够积极对待被安排的劳动任务，积极发现与设计潜在的劳动任务。

请仔细阅读下列问题，逐一回答"是"或"否"，并将答案标注在相应的位置。

测测自我
★★★★★

序号	问题	是/否
1	你是否会欣然接受安排给你的劳动任务？	
2	你是否会及时完成安排给你的劳动任务？	
3	你是否会努力克服劳动过程中的懒惰情绪？	
4	你是否愿意承担劳动任务中的"苦差事"？	
5	你是否愿意承担劳动任务中的"分外事"？	
6	当看到别人忙碌时，你是否会主动帮助别人劳动？	
7	你是否能发现潜在的、可以开展的劳动任务？	
8	你是否会主动设计潜在的、可以开展的劳动任务？	
9	你是否会不折不扣地完成劳动任务？	
10	你是否会精益求精地完成劳动任务？	

以上问题中，回答"是"越多越好。

积极主动地参加劳动，是指以积极的态度接受劳动任务，全身心投入劳动，并不断发现和设计劳动任务。党的二十大报告提出要"弘扬劳动精神、奋斗精神、奉献精神、创造精神"，而积极主动地参与劳动，正是推动党的二十大精神落地生根、培育新时代新风貌的有效路径。积极主动地参与劳动，能够在付出体力和汗水的同时，提高劳动技能，磨炼意志，还能感受到劳动带来的获得感和成就感；而不情愿地、被动地劳动，劳动任务完成的质量和效率得不到保证，而且人在整个劳动过程中也感觉受煎熬。

现象评析
★★★★★

接到劳动任务时,有的人欣然接受,有的人逃避拒绝,甚至弄虚作假。开展劳动任务时,有的人认真负责、尽心尽力,有的人马马虎虎、敷衍了事。对于劳动中的"苦差事"和"分外事",有的人积极承担,还会主动去帮助他人,有的人却只求做完自己的劳动任务。完成劳动任务后,有的人"闲着没事",有的人却"眼里有活""主动找活",并且努力完成新的任务。

对于接到劳动任务时截然不同的态度,你是如何看待的?你认为我们应该如何对待劳动中的"苦差事"和"分外事"?是否应该主动帮助他人完成劳动任务?应该如何对待潜在的劳动任务?

请自己思考,也可以与小组成员一起讨论,得出小组共同的观点。

问 题	观 点
如何看待接到劳动任务时,"欣然接受"和"逃避拒绝"这两种截然不同的态度?	
我们应该如何对待劳动任务中的"苦差事"?	
我们应该如何对待劳动任务中的"分外事"?	

续表

问 题	观 点
在有余力的情况下，是否应该帮助他人完成劳动任务？	
我们应该如何对待潜在的劳动任务？	

现象一 近年来，不少学校鼓励学生利用假期和其他课余时间，开展力所能及的公益劳动和社会实践活动。有的学生将参加公益劳动和社会实践活动作为提升自我、服务社会的机会。如某高职院校一位学生在大学三年间，参加了百余场志愿服务活动，累计服务时间超过1 000小时，开展公益活动所涉及的所有费用都来自他自己赢得各类比赛、荣誉的奖金和奖学金。也有学生将公益劳动和社会实践当成负担，从内心排斥，找各种借口不参加，甚至弄虚作假。

现象二 一些在自己岗位上坚持积极主动劳动、工作上全力以赴的人，在自己的工作领域不断提升，事业越做越红火。如京东物流的一位快递员，因积极主动的工作态度和高质量的服务，受到发件企业的信赖，发件企业老板把全部发件业务都交给了他，他的单月总揽件数高达13万件，平均一天要揽4 333件快递，月收入一度高达近8万元。而有的人对劳动和工作抱着得过且过的态度，一直停滞不前，几十年如一日，没有任何起色。

现象三 在日常劳动任务中，总会有一些"苦差事"。有的人唯恐避之不及，有的人却积极主动地承担。2024年春节期间，在本该阖家团聚的时刻，许多企业员工仍在工作岗位上默默坚守。如，中铁建工集团南极项目部仍然坚守在中国南极考察站施工建设一线，承担南极中山站地面站工程建设和设备调试、安装等任务；无数铁路职工依然坚守工作一线，为旅客平安出行默默守护；奔波在第一线的医务人员，从未停止忙碌的步伐，以自己的坚守换取了病人的健康等等。

现象四 很多劳动任务需要人们合作完成，有些人在完成自己的劳动任务的前提下，用自己额外的精力来处理"分外事"。而有些人抱着"事不关己高高挂起""多做就会多错""做了也不算我的工作量"等想法，对于"分外事"持漠视的态度，只保证完成自己的劳动任务，甚至在别人需要帮忙时，即使自己有余力也不提供帮助。

现象五 有些人在高效完成自己的劳动任务之后，还会积极主动地去观察和发现身边潜在的任务并开展行动。如垃圾分类政策出台之后，很多地区的学生不仅身体力行，认真践行"垃圾分类，"而且自发组织关于垃圾分类的公益宣传活动。他们化身"环保卫士"并走进社区，通过给居民讲解垃圾分类知识、示范垃圾分类投放，帮助居民更好地适应垃圾分类。

提升认知

一、积极对待被安排的劳动任务

在我们的日常生活和学习中，家长、老师和同学会给我们安排一些劳动任务，如日常家务、班级值日、义务劳动。要做到积极主动地劳动，首先就应该积极对待被安排的劳动任务。

（一）欣然接受被安排的劳动任务

当他人给你安排劳动任务时，你是欣然接受、一口拒绝还是婉言推辞？的确，面对这些被安排的劳动任务，我们可能会有各种各样的想法："我没做过，不会做""我做过很多遍了，没有挑战性"等。显然，这些都不是积极对待劳动任务的态度。

其实，上述家庭和学校的日常劳动任务，对于我们青年学生来说，

机械设备制造车间的工人正在根据设备图纸分配任务

并不是很繁重或者难度很大的任务，我们不应把它们看成一种负担。从心理学上讲，态度具有指向性、对象性等特征，影响着我们的行为倾向，也影响我们对行动对象的选择，即态度能够使我们趋近某些事物或逃避某些事物。积极对待劳动任务，第一步就是要做到毫无怨言、欣然接受劳动任务。

（二）及时完成被安排的劳动任务

及时行动是积极主动的特点之一。然而，很多人觉得，安排给我们的劳动任务都是一些重复性任务，自己对任务不感兴趣而又不得不完成，就产生了对劳动任务的抵触心理，因此，在执行任务时能拖则拖。久而久之，就养成了消极拖延的习惯；拖延之后，又由于时间紧迫，草草应付劳动任务，无法保证劳动质量，也体会不到劳动带来的成就感，从而更加抵触劳动任务，由此就陷入了拖延和抵触的恶性循环。

古人说："明日复明日，明日何其多。我生待明日，万事成蹉跎。"唯物辩证法认为，内因是事物自身运动的源泉和动力，是事物发展的根本原因，外因是事物发展、变化的第二位的原因。内因是变化的根据，外因是变化的条件，外因通过内因而起作用。对劳动任务抵触和拖延，根本原因在我们自己身上。

要克服拖延，就要在接到劳动任务之后，给自己设定任务完成期限和完成标准，充分利用好劳动时间，合理分解劳动任务，及时付诸行动，高效开展劳动。

（三）克服劳动过程中的懒惰情绪

让身体安逸是人类的自然需求。因此，懒惰情绪可以说是人皆有之，劳动过程中存在懒惰情绪也是正常的。但是，积极主动劳动的人，能够通过自我调整克服这种懒惰情绪。

实际上，懒惰是一种心理上的厌倦情绪，表现在行为上是一种散漫的、松懈的、不振作的状态。曾国藩说："百种弊病，皆从懒生。懒则弛缓，弛缓则治人不严，而趣功不敏。一处迟则百处懈矣。"可见懒惰之人，是很难有一番成就的。《易经》有言："天行健，君子以自强不息。"勤劳是中华民族的传统美德和民族精神。中华民族依靠勤劳创造了灿烂的华夏文明；中国人民依靠勤劳取得了改革开放的辉煌成就。在劳动过程中，我们应该继承和发扬勤劳这一传统美德，主动克服自己的懒惰情绪，真正做到勤快劳动，用勤劳铸造青春风采。

> **小活动**
> 回想一下，你在劳动过程中是如何克服懒惰情绪的。

二、正确对待"苦差事"和"分外事"

在实际劳动过程中，难免会存在一些"苦差事"，也会存在一些"分外事"。对待这两者的态度，直接影响你是否能够积极主动地劳动。

（一）做别人不愿意做的"苦差事"

对于一些因难度大或者比较烦琐而大家都不想做的任务，即所谓的"苦差事"，有些人选择将其留给队友，也有些人不计较、不抱怨，主动接受了"苦差事"并克服困难，高质量地完成了任务。

从事隧道爆破的"大国工匠"彭祥华就属于后者。2015年，他参建川藏铁路拉林段，他所在的标段是其中最难的一段，路段地质非常复杂，生态脆弱，施工要求非常高。一次地质勘探，需要技工沿绳索从五六十米高的悬崖上顺势而下，脚下就是波涛汹涌的雅鲁藏布江。不少工友都不愿去接这份"苦差事"，但彭祥华却挺身而出，独自一人"飞舞"于悬崖峭壁之上，顺利完成了勘探任务。正是凭借在川藏铁路拉林段做出的突出贡献，2017年，彭祥华获得了中华全国铁路总工会"火车头奖章"，并获得中国中铁"十大专家型工人"的称号。

彭祥华独自检查隧道爆破情况

试想，如果你遇到彭祥华经历的这种情况，你会选择逃避还是主动承担？彭祥华完成了这种高难度的劳动任务，既证明了自己的能力和专业实力，又因此得到了同事们的尊重和认可。有时，换个角度，"苦差事"也是考验和锻炼自己的机会，我们应该主动去做一些"苦差事"，提高自己处理复杂事务的能力。

（二）主动承担分外的劳动任务

什么是分外的劳动任务？顾名思义，就是不属于自己任务范围的劳动任务，其中包括一些职责归属不是很明确的劳动任务。在学校和班级安排的劳动任务中，常有这种职责归属不明确的任务。有种观点认为，分外的劳动任务，不做没有错，但是做得不好却有可能给自己造成不良影响，是"费力不讨好"的任务，"多一事不如少一事"，所以我们应该对分外劳动任务视而不见。但真的能这样吗？答案无疑是否定的。

我们应该正确理解"分外"二字。在一个集体中，所有的任务都是有关联的，虽然有职责分工，但最终落脚点还是在集体任务是否按计划完成上。如果其他人的劳动任务没有完成，那么集体任务也不可能完成，同样也会影响到自己的劳动。因此，我们应该培养整体思维和大局意识，在完成分内任务的基础上，只要有助于整个劳动任务的顺利完成，就应积极去做，并且尽全力做好，不要计较任务是"分内"的还是"分外"的。

（三）主动帮助别人完成劳动任务

在日常劳动过程中，你肯定遇到过这种情况：自己手头的活儿已经做完了，可以停下来休息一会儿了，但是队友的劳动任务还没有完成。这个时候，你会选择休息还是主动帮助队友一起干活？

换位思考一下，我们在劳动过程中也同样会遇到各种困难，也会希望得到别人的帮助。因此，在队友非常忙碌、疲于应付劳动任务的情况下，我们应该主动伸出援助之手。首先要主动和队友沟通，确认任务目标、任务实施进度、后续分工，确保尽快完成劳动任务，避免"好心却帮了倒忙"。确认自己要做的任务之后，再有针对性地着手去做。

要特别提出的是，在帮助他人劳动的过程中，要做到真诚地为他人提供帮助，即真正做到帮助别人既不为凸显自己，也不求回报。送人玫瑰，手有余香。长此以往，你会发现，当你需要帮忙时，也会很快得到他人的真心帮助。

三、发现和设计潜在的劳动任务

积极主动地劳动，除了积极对待他人安排的劳动任务，还有一个很重要的层面，就是积极主动地发现和设计劳动任务。如何才能精准发现、合理设计劳动任务呢？

（一）努力做到"眼里有活"

"眼里有活"，是一种眼力，一种积极向上的能动性，就是我们常说的"有眼色"，知道自己要做什么，而不是像陀螺一样，"抽一下、动一下"，等着别人来安排任务。"眼里有活"源于积极主动的态度。在劳动过程中，有的人会觉得自己"闲来无事"。其实，并不是真的像他们所说的"已经把活儿干完了，没活可干"，而是他们不想了解、也不去了解还有哪些活可干。而"眼里有活"的人，"脑中想事"，愿意花心思思考，善于发现自己周围的任务，并能够主动发现自己身上可以改进的地方。因此，同样的一个劳动任务，不同的人去做往往有不同的结果，

"眼里有活"的人能够更出色地完成劳动任务。

"眼里有活",其本质就是在没有人要求和督促的情况下,依然能够自觉发现并完成任务。要做到"眼里有活",最关键的是完成"要我做"到"我要做"的转变,在劳动过程中真正做到主动思考任务、主动发现任务、主动关注过程和主动改进方法。

(二)主动设计潜在的劳动任务

当发现身边潜在的可以开展的劳动任务时,接下来要做的就是把潜在的任务变成行动。此时,就需要设计一个明确、合理的劳动任务方案。设计劳动任务和接受他人安排的劳动任务,所需要的意识和能力是不同的,设计劳动任务的要求更高。设计劳动任务方案,首先要做好和劳动服务对象或相关工作人员的对接和沟通,明确他们的实际需求,如要组织开展社区劳动服务,就要先和社区工作人员沟通确认。此外,在劳动任务方案中,要说明劳动目标、地点、对象、形式、实施过程、任务清单、人员分工等,确保方案清楚明了、具有可行性。

我们在未来的事业发展过程中,如果只会承担别人安排的任务的话,那么是很难真正有所成就的。追求事业的过程也是坚持劳动的过程。如果能够基于自己事业发展的目标,善于发现、主动规划、合理设计和全力实施工作任务,就一定能在自己的工作领域不断取得突破和发展。

小活动

想一想,在我们身边,有哪些潜在的、可以开展的劳动任务?

学生在社会实践活动中向村民宣传垃圾分类

四、尽心尽力地完成劳动任务

把任务变成行动的是执行力。而能否把期待的结果变成现实,则取决于我们在执行劳动的过程中是否能够尽心尽力地完成每一项任务。

(一)不折不扣地落实劳动任务

不论是被安排的劳动任务,还是自己主动发现和设计的劳动任务,都要不折不扣、保质保量地落实,这是开展劳动最起码的要求。

我们首先应该明确劳动任务的目标和要求,根据劳动任务的特点,制订合理的劳动计划。之后,要严格按照任务目标和劳动计划,一步一个脚印、踏踏实实地开展劳动。在劳动过程中还要做到认真仔细,及时发现可能出现的问题,并想办法尽快解决。劳动完成之后,还要将自己的劳动成果和劳动目标进行比对,找出差距并尽力弥补,尽可能高质量地把任务完成到位。

在落实任务的过程中,提高劳动效率也是非常重要的。我们还应该在劳动中不断学习各种劳动技能,积累更多的劳动经验,增强自己的劳动能力,确保能更加高效地完成劳动任务。

(二)全身心地投入劳动任务

尽心尽力地劳动,除了要不折不扣地完成劳动任务,还要有满腔的热忱和精益求精的精神,主动发挥自己的聪明才智,全身心地投入劳动任务。这样,可以使原本平凡的事情变得不平凡,使简单重复的劳动变成艺术。季羡林先生曾撰文回忆和他生活了 10 年之久的德国女房东,她虽只是一个平平常常的德国家庭主妇,但因其对家务的尽心,又显得实在不平常:"地板和楼道天天打蜡,打磨得油光锃亮。楼门外的人行道,不光是扫,而且是用肥皂水洗。人坐在地上,绝不会沾上半点尘土。"这种对劳动的尽心和投入,给季羡林先生留下了极为深刻和美好的印象,其意义显然已经超越了劳动本身。

"全身心地投入"不仅是劳动的准则,也是人生的准则。在事业上取得过成就的人,在自己的工作领域一定是全身心投入过的。我们未来无论从事何种职业,都要全身心投入其中,尽自己最大的努力,在工作过程中勇于迎接挑战，主动克服困难，改进和完善自己的工作，不断地追求进步。

联系实际 ★★★★★

邹彬是中建五局总承包公司的一名质量管理员，也是2018年全国两会最年轻的"95后"代表之一。16岁初中毕业后，由于家庭经济条件的限制，邹彬跟着父亲在建筑工地摸爬滚打，和灰浆、挑泥沙、搬砖头……工地上的脏活、重活总离不开他。在空闲时间里，他主动模仿老砌匠的样子砌砖。有一次，一位老师傅回到工地时发现自己未砌完的墙凭空高出了一米多，而且质量并不比自己差，细问之下得知是邹彬的"杰作"。

建筑工地的工作，大多是按件、按量计价，收入与工作完成量紧紧挂钩。追求速度和产量从而提高收入是建筑工人们的工作常态。有的工人认为在质量上能达到标准即可，但邹彬却不这么认为："不管做什么事，都要去做好。进入砌筑行业是生活所迫，但我也不能把它只当成一份谋生职业。应该尽我所能去做好，这样自己才安心。我的性格是，做事就要做得完美一些。所以我希望我负责砌的每一堵墙都是高品质的。"有时，为了砌好一面墙，邹彬会推倒重来好多次。看到别人好的"作品"，他主动上门请教，甚至还将墙绘成草图带回家反复研究和琢磨。通过一块块砖的砌合、一面面墙的完工、一次次的反复钻研，邹彬不断提高自己的技术水平。也正因为坚持和努力，在多个工地上经过几年劳动实践，邹彬的手艺日益娴熟精湛，速度和质量都能同时得到保证。

后来，邹彬进入职业学校学习，突出的"手艺活"很快便使他崭露头角。2014年7月，邹彬代表中建集团参加第43届世界技能大赛砌筑项目中国选拔赛，以第一名的成绩进入国家集训队；2015年8月，前往巴西圣保罗参加第43届世界技能大赛，获得砌筑项目的优胜奖，实现了中国在砌筑项目上零的突破；2016年在湖南"十行状元、百优工匠"砌筑工竞赛中摘得桂冠。后来，他又获得了"全国技术能手""全国优秀农民工""湖南省五一劳动奖章"等荣誉。

当被记者问及对当代青年的寄语时邹彬说，要想改变自己的命运，其实就是脚踏实地，干一行爱一行，不断学习，用心琢磨。当谈到他的努力时，他自豪地说，一面12平方米的墙，其他工友要花一天时间砌好，我只要半天，而且墙纵横两向的缝隙都能控制在 1 厘米的标准以内，砖面干干净净不沾水泥。

此刻行动
★★★★★

1. **体验过程**

以班级为单位，全班同学一起设计一项公益劳动，如为学校附近的居民小区送快递、修理学校的体育器材、清扫学校的某块区域等，且全班同学一同参与该项公益劳动。公益劳动结束之后，请每位同学对劳动任务的设计与开展情况以及劳动结果进行反思，并把反思结果填入下表。

反思内容	观　　点
全班一起设计和决定开展的公益劳动，其主题是什么？	
在设计和开展公益劳动的过程中，你承担了哪些任务？	
你是否全力以赴地完成了自己的劳动任务？在同学需要帮助之时，你是否积极主动地给予了帮助？	
你认为整个公益劳动是否达到了预先设计的目标？	

续　表

反思内容	观　点
设计和开展公益劳动的过程，你认为有哪些地方需要改进？	
参与设计和开展公益劳动，你有什么收获？你最大的劳动感悟是什么？	

填写人：_____　　　　日期：_____年_____月_____日

2. 克服障碍

有不少人认为"截止日期是第一生产力"。他们接到任务之后，原本有很多时间可以开展任务，但总是习惯性地把任务拖到最后才开始着手。即使最后勉强能够做完，但由于时间仓促，任务完成得也很粗糙，结果不令人满意。假定这种现象发生在你身上，请从积极主动劳动的角度制订一个克服这一现象的行动计划。

行动计划	
一、行动目标	
二、行动方法	

续　表

行动计划	
三、行动安排	
四、行动保障	

微课　积极主动劳动（上）

微课　积极主动劳动（下）

第五章
诚信劳动

> 学习目标：能结合实例，深刻理解诚信劳动的含义与意义，掌握诚信劳动的基本准则。

测测自我

请仔细阅读下列问题，逐一回答"是"或"否"，并将答案标注在相应的位置。

序号	问题	是/否
1	你是否严守劳动规则？	
2	你是否尽心尽力？	
3	你是否说到做到？	
4	你是否知错能改？	
5	你是否敢于承担责任？	
6	你是否了解诚信是做人做事的根本？	
7	你是否了解诚信劳动是基本的道德规范？	
8	你是否明白诚信劳动对于事业成功的意义？	
9	你是否了解失信带来的后果？	
10	你是否懂得如何诚信地劳动？	

以上问题，回答"是"越多越好。

诚信是公民道德的基本规范，主要是指做人做事实事求是、信守承诺。在劳动中，诚信是指严格遵守劳动规则、职业要求和生产规范，努力追求高质量的产品和服务。诚信劳动是基本的职业道德规范，也是职业行为规范。一丝不苟、精雕细琢、精益求精、诚实守信地劳动能使人胸怀坦荡，获得他人的信赖和尊重，取得事业的成功；而偷工减料、投机取巧、敷衍了事、弄虚作假或许可以骗人于一时，但不能骗人一世，一旦被识破，自己便很难在职场中立足，最终自己什么事也做不成。结果既害了别人，也害了自己。

诚实守信，自古以来就是中国人"修身、齐家、治国、平天下"的根本。我们要弘扬诚信文化，健全诚信建设长效机制。在当代社会，诚信是公民的第二张"身份证"，是职场的"通行证"。诚信是最基本的劳动态度和职业素养。在劳动中要树立诚实的态度，养成守信的习惯，形成诚信的品格。

现象评析
★★★★★

在劳动过程中，有人投机取巧、偷工减料、弄虚作假、以次充好；他们图省事、怕吃亏、马虎敷衍、耍小聪明、占小便宜，总希望能付出少、回报多。你如何看待这种现象？有人说"现代社会讲诚信会吃亏"，还有人说"我讲诚信，别人不讲怎么办？"你认为诚信重要吗？诚信劳动的人是否真的会吃亏？在校大学生应如何做到立足诚信，笃行致远？

请自己思考，也可以与小组成员一起讨论，得出小组共同的观点。

问　　题	观　　点
劳动中的不诚信行为会给企业和个人带来什么影响？	
如何看待"诚信者吃亏，失信者沾光"的观点？诚信劳动的人是否真的会吃亏？	

续表

问　题	观　点
诚信劳动和事业成功有什么关系？	
作为学生，你认为应该在哪些方面做到诚信劳动？	

现象一　在工程建设中，偷工减料等不诚信现象屡见不鲜，关于"豆腐渣工程"的新闻时有报道。偷工减料一直是工程建设中的顽疾，主要表现为：不按工程设计图纸施工、擅自修改工程设计、使用劣质材料等。2023年，深圳宣布进行优质饮用水入户工程建设，但是在实际施工过程中，涉及千家万户的多项供水工程却被曝偷工减料，多家建设单位被扣分公示。涉事单位存在使用不合格建筑材料、不按照施工技术规范施工等多项不良行为。

现象二　有人认为"诚信者吃亏，失信者沾光"。以制作出版盗版书、盗版光碟为例，对于顾客而言，只要花很少的钱就可以看更多的图书和影片，且不影响知识的获取。对于盗版商来说，可以以较少的成本获得更大的收益，这岂不是聪明的做法？今天诚信劳动已经过时，讲诚信就会吃亏！

还有人说21世纪是一个弱肉强食的年代，竞争成为人们的生存方式。比如两个同样拥有高职文凭的人去应聘同一家公司。一个不讲诚信，另一个讲诚信。不讲诚信的那位凭借一张假的本科文凭，被公司录取了；另一位因为学历问题而被淘汰了。讲诚信的那一位不就吃亏了吗？诚信有什么用呢？诚信社会只是空想！

现象三 有的员工在工作中图省事，耍小聪明，最终聪明反被聪明误，被企业解雇。小刘就是一个典型的例子。小刘在2016年1月入职某制造公司，从事仓库管理员工作。公司与小刘签订了劳动合同，合同所附《员工手册》规定，全年累计旷工或有被视为旷工行为累计达5日以上（含5日）者为严重违纪，公司有权解除双方之间的劳动合同。2023年12月，有5天时间，小刘擅离岗位，却在正常上下班时间跨过闸机进行下班打卡，故考勤记录毫无异常。但他每次打卡后匆匆离开公司的身影，却被闸机附近的监控记录了。很快，公司发现了这一异常情况，并以小刘在工作期间伪造出勤记录、擅自离岗、已严重违反公司规章制度和劳动纪律为由，在征询工会意见后对小刘进行开除处理，解除了劳动合同。诚实守信是规范劳动用工秩序、构建和谐劳动关系的基础。作为用人单位，应当依法诚信用工，践行企业社会责任；作为劳动者，也应当遵守用人单位制定的规章制度，诚信文化的建立离不开用人单位与劳动者的共同参与。

提升认知
★★★★★

崇尚劳动、尊重劳动，更要诚信地从事劳动。讲诚信，守规范，求质量，是劳动时应有的认知、态度和习惯，也是取得成功必备的条件。诚信即诚实守信，是中华民族的传统美德，也是成事之本。《管子·乘马》篇曰："非诚贾（不是诚实的商人）不得食于贾（以商谋生），非诚工不得食于工，非诚农不得食于农，非信士不得立于朝。"管子认识到诚信的重要性，要求君民上下都讲诚信，无论是经商务农还是做官都要以诚信为本。只有以诚信的态度对待自己的劳动，方能收获劳动成果，取得劳动成功。

一、诚信是最基本的职业道德规范

道德规范是社会规范的一种形式，逐渐形成于生活和生产实践活动中，是对人们行为和关系普遍规律的概括和反映。道德规范既是一种行为准则，能调整人与人之间的利益关系，又是一种标准，用于评价人们的行为。道德规范包括基本道德规范、社会公德规范、职业道德规范和家庭美德规范。其中，诚信是基本的社会道德规范，也是最基本的职业道德规范。

诚信是基本的社会道德规范。中共中央印发的《公民道德建设实施纲要》中提出了"爱国守法、明礼诚信、团结友善、勤俭自强、敬业奉献"二十字的公民基本道德规范。其中，明礼诚信就是要求公民无论在任何场合、无论从事什么活动，都要讲文明、讲礼貌、讲诚实、守信用。这里的诚信体现在生活劳动中，即诚信地从事日常生活劳动，遵守劳动规则，实事求是，言行一致。

诚信是基本的职业道德规范。职业道德规范特指在职业活动中，所有从业人员应该遵守的行为准则和规范的总和。我国社会主义的职业道德的基本规范包括爱岗敬业、诚实守信、办事公道、服务群众、奉献社会。这里的诚实守信即诚信，要求在职场中诚实地从事劳动，坚守信用，并将其贯穿于整个劳动过程中。要全面地理解诚信劳动，首先需要了解诚信的一般含义，进而知晓劳动情境下诚信的特定内涵。

小活动
说说你身边的诚信劳动小故事。

（一）诚信即遵守社会规范

诚信是社会生活中个人与个人、个人与社会、组织与组织之间都必须具有的能促进社会健康和可持续发展的一种社会道德和必须遵守的规则。作为一种社会道德范畴，诚信既是一种观念、意志和品质，存在于特定的社会关系中并借助于这种关系表现出来；又是一种行为规范，植根于人类生产劳动和生活劳动的各个角落，是具有明显社会性和实践性的道德实践活动，能调节人们之间的利益关系，帮助人类建立和维护良好的社会秩序。

诚信是为人做事的基本准则，是职业道德的基本要求，是社会赖以生存和发展的基石。"诚"即诚实无欺、诚实做人、诚实做事、实事求是，是指个体真诚的内在道德品质；"信"即有信用、讲信誉、守信义、不虚假，是内在诚实的外化。诚实、守信是联系在一起的，诚实是守信的基础，守信是诚实的具体表现；不诚实很难做到守信，不守信也很难说是真正的诚实。

当今社会，随着经济的转轨、社会的转型、多元文化价值观的冲击以及信息技术的高速发展，作为一般的社会道德规范，诚信对于个人、企业和政府来说都尤为重要。个人只有讲诚信才能赢得尊重，获得友谊，立足社会，通往成功；企业只有讲诚信才能从义中取利，获得更强的竞争力，赢取市场；政府只有讲诚信才能取信于民，治国安邦。

（二）诚信劳动即遵守劳动中的规则

劳动具有规范性。无论是生产劳动还是生活劳动都要讲诚信，遵守规则和规范，这是社会道德和职业道德最基本的要求。诚信劳动要求劳动者在劳动过程中遵守劳动规则和规范，履行个人或岗位职责，合理合法地劳动。劳动中的诚信既表现在个人的观念、意志和品质上，又表现在劳动的行为规范上：无论是在生产劳动、日常生活劳动，还是在服务性劳动中，都要始终把诚信作为根本准则；在个人品质上，树立诚信的观念，秉持诚信的意志和品质；在行为规范上，实事求是，谨慎许诺，言行一致，信守承诺，严格遵守规范，认真履行职责，知错能改，并勇于承担责任。

劳动中的诚信主要体现在三个层面：①对劳动过程中所涉及的他人、团体和组织讲诚信。如在服务劳动中，要对自己服务的客户讲诚信，实话实说，言而有信。②在劳动过程中讲诚信，包括在劳动材料的选用、操作工序的遵守和操作技能的掌握等方面，杜绝偷工减料、欺诈等失信行为。③对劳动成果讲诚信，注重质量，反对假冒伪劣、窃取他人劳动成果等不诚信行为。

在日常的生活劳动中，讲诚信就是要做到自己的事情自己做，且要保质保量地完成任务。在生产劳动中，诚信劳动体现为严守规范、认真踏实、一丝不苟、精益求精的工匠精神。具体来说，就是始终保持严谨认真的劳动态度，杜绝投机取巧的行为。在劳动过程中，恪守诚信的劳动者要对每件产品、每道工序都凝神聚力、精益求精，即使已经做得很好了，还要做得更好，大国工匠黄群说："即使做一颗螺丝钉也要做到最好。"在劳动成果上，应执着追求产品的尽善尽美，质量的精益求精。在服务劳动中，诚信劳动既体现为对客户讲诚信，言而有信，也体现为劳动过程中严守规范，严格标准，高质量地完成工作任务，让服务对象满意。

各行各业的劳动者，都要诚信地劳动，严格遵守劳动安全和技术操作规程。以职业岗位的钳工为例，其主要工作是使用台虎钳、锉刀、铰刀、电钻等工具，以手工操作为主要方法对工件进行加工。钳工的基本操作技能包括：划线、錾削、锉削、锯削、钻孔、铰孔、攻丝、套丝、刮削、研磨、矫正、弯形、铆接等。下图是一名钳工正在车间利用台虎钳按照操作规范工作。

钳工正在按照操作规范工作

下面列出维修钳工的技术操作与安全操作规范：

（1）工作场地要保持整齐清洁，维持环境卫生，现场管理应符合企业规定的管理标准，即整理、整顿、清洁、清扫、素养、安全等要求。

（2）使用的工具和装拆的零件、毛坯、原材料等的放置要有序，并且要整齐稳固，以保证操作中的安全和方便，通常应符合企业的定置管理标准。

（3）使用的设备、机床、工具要经常检查（如起重机、压力机、砂轮机、钻床、手电钻、锉刀机），发现损坏现象就要停止使用，修复或更换后才能再使用。

（4）在一些作业中，如錾削、锯削、钻孔以及在砂轮上修磨工具，都会产生很多切屑，清除切屑时要用刷子等专用工具，不要直接用手清除，更不可用嘴吹，以免切屑飞进眼睛，产生不必要的伤害。

（5）使用电气设备时，特别是使用手提移动电具时，必须严格遵守有关操作规程，防止因触电而出现人身事故。

（6）拆卸和装配大型设备或较重的部件应合理使用起重机械，多人作业应由一人指挥，防止人身事故。

（7）试车前应仔细检查维修设备的装配精度和完善程度，并进行必要的手动检查。注意检查运动部位的防护装置，严格按试车工艺规程进行试车。

（8）操作压床时，工件要放在压头中心位置。多人同时操作装拆、调整、试车时，要注意力集中，注意密切配合。安装零部件时，不准用手摸滑动面或将手伸入活动的螺孔内。

由以上劳动操作规范可知，钳工岗位的技术性非常强，对工人的技术规范和安全操作规范要求高，稍有疏忽或马虎就可能出现残品和次品。所以，每一位钳工都需要严格按照岗位规范进行操作，以诚信的态度不折不扣地执行劳动规范，这样才能保证产品的质量。任何偷工减料、投机取巧、耍奸溜滑的行为都可能对工业生产造成不可估量的负面影响，同时也影响个人的职业发展。

小活动
你还能列出其他职业岗位的工作规范吗？

二、诚信劳动是个体获得劳动成功的基石

人是社会性动物，无法离开社会而独立存在。人类的劳动也存在于一定的社会关系中，通过人与人之间的合作来实现。这种合作需要诚信去维持和巩固。因此，诚信是劳动中最基本也是最重要的态度、习惯和素养之一。对于个体而言，诚信劳动是个体在职场生存和发展的基石。习近平总书记说过："劳动是财富的源泉，也是幸福的源泉。人世间的美好梦想，只有通过诚实劳动才能实现；发展中的各种难题，只有通过诚实劳动才能破解；生命里的一切辉煌，只有通过诚实劳动才能铸就。"

（一）诚信是职场交往的基本准则

诚信是立身处世、社会交往的基本原则。人的社会性体现在人际交往上，而诚信作为一种社会道德规范，是人际交往的基础。没有诚信，个人在社会上将寸步难行。孔子云："人而无信，不知其可也。"一个不讲信用的人，无法与他人正常交往，也就不能在社会中立足，更无法在职场上生存和发展。诚实守信才能与领导、同事和客户建立良好、稳定、持久的互动关系，得到领导的赏识与器重，得到同事的尊重和帮助，得到客户的信赖和支持。"精诚所至，金石为开"，只有品行端正、

诚实守信的人才能与他人建立良好的社会关系，才能在职场中站稳脚跟，获得个人全面而自由的发展。

（二）诚信劳动是个体获得职业发展的基石

诚信是获得劳动成功的基石。诚信不仅是个体做人、做事和处世的信条，还是立足职场的基本准则，成就事业的基石，通达行事的凭证，实现自我价值的保障。成功人士必备的品质包括：诚信、坚韧、顽强、执着和勤奋。其中诚信是第一位的，是建立个人口碑的关键所在，是职业发展的助推器。诚信劳动会使人获得更多的发展和晋升机会。

大国工匠李江福就是诚信劳动的典范。他凭借着勤勉刻苦、诚实守信，从学徒到质检员、项目工程师再到高级工程师，一步一个脚印，成为具有国家一级建造师执业资格、管理着几百号人的项目经理。在他身上有着"全国劳动模范""全国道德模范""全国诚信之星""全国五一劳动奖章"等很多荣誉。

李江福把工程的质量作为造楼的关键。工程的每一个部位、施工的每一道工序，他都要亲自查验把关，从不允许偷工减料，对于质量不合格的工序，他坚决要求返工。"盖楼是个良心活，我这辈子决不建豆腐渣工程。"他在工地设立了道德讲堂、诚信课堂，与每位工人签订《诚信责任书》。他先后带领过10多万人次工人，其中超过300人成为建筑骨干，成为诚信的实践者和传播者。

李江福在建筑工地指挥工人施工

小活动
你能说说诚信劳动会给我们带来什么吗？

李江福始终坚持用良心做事、靠诚信盖楼，从事建筑行业40多年，建造的1 000多栋楼房从未出过质量问题，他因此获得了国家优质工程奖等奖励数百次。从李江福的例子可以看出，正是诚信劳动使得他能够在建筑行业一点点站稳脚跟，直至取得今天的成就和社会地位。广大青少年作为祖国未来的建设者和接班人，要把讲诚信、守规范作为自己的座右铭，铭记并执行。

三、诚信劳动应遵守的基本准则

在劳动中，诚信不仅是一种劳动态度，更应成为一种行为习惯，贯穿于全部劳动过程。作为个体的人，无论从事什么劳动，无论承担什么角色，无论处于什么劳动阶段，都要树立诚信劳动观，坚定地崇尚、维护、恪守和实践诚信原则，谨慎许诺，恪守承诺，履行职责并积极承担责任。以下是几条诚信劳动中应遵守的基本准则。

（一）实事求是地承诺

诚信也就是实事求是，诚实无欺。在劳动中，诚信的劳动者会根据自身的能力和水平，谨慎许诺，量力而行，不逞能，不说假话、大话和空话，有多大能力办多大事。老子曾说过："夫轻诺必寡信，多易必多难"，就是告诫人们不要轻易许诺，一旦许诺了，就要努力兑现诺言。所谓"言必信"，就是指我们在劳动中绝不能把诺言当成戏言，必须经过慎重考虑，作出实事求是的承诺。否则，不仅自己的名誉和信用受损，还会引起他人的不满，破坏劳动规则。要做到实事求是地许诺，首先要正确地认识自己，客观评价自己的能力和外在条件，切忌未经思考就轻易许诺。其次要适度许诺，承诺的内容要具有可行性和可操作性。最后要讲究许诺的策略，眼光长远，说话要给自己留有余地。

在职场中，从事每份工作都有其任务和职责。为了加强自我管理和约束，切实履行工作职责，有时候需要书写一份《员工工作岗位承诺书》，对自己的实际情况进行说明，并对工作的完成度作出承诺。以下是一则化工公司的员工在入职时所提交的岗位承诺书。在承诺书中，他对自己的能力和水平作出实事求是的陈述，并对工作中应遵守的规范作出承诺。这则承诺书也将是检验他劳动诚信度的一个标尺。

员工工作岗位承诺书

为满足××××化工有限责任公司安全管理要求，本人对个人基本情况和岗位操作规范作出如下承诺：

一、本人接受过正规的安全培训活动，并获得相关证书，能严格执行公司"安全生产、预防为主"的方针；遵守各项安全操作规定和管理制度，能做到保护他人，保护自己。

二、工作中杜绝"三违"行为：不违反公司纪律，不违章操作，不违章指挥。

三、积极接受和参与公司组织的各种安全培训和考核活动，更新知识，做到持证上岗。

四、严格执行公司安全操作规程和安全管理规定。

五、上岗着装标准，始终穿戴好劳动保护用品。

六、严格遵守防火防爆、禁烟禁火规定，不带火种进入生产区，不在厂区吸烟。

七、不乱排放废气、废水、废渣。

八、会使用灭火器等消防、气防设施。会报警，懂得紧急自救和互救方法。

本人已经接受完岗位培训，完全理解公司的各项安全生产和操作规定，并严格遵守。如有违反，自愿接受处罚。

部门名称：_____ 承诺人（签名）：_____
年　月　日

（二）不折不扣地执行劳动规范

诺言是对他人的保证，只有不折不扣地履行和实现它，才有实际的价值和意义。诚信劳动不仅是一种态度，更应是一种实实在在的行动，并贯穿于整个劳动过程的始末，体现在实践中就是不折不扣地执行劳动规范。在劳动中首先要谨慎许诺，一旦承诺便要践诺履约，无论遇到什么困难都要坚守并贯彻到底。承诺无大小，再小的事也要认真对待，再艰难的承诺也要不折不扣地履行，所谓一言九鼎、一诺千金、一言为重百金轻，就是这个意思。履行诺言首先要做到主动自律，时刻提醒自己

木桶效应

实践诺言；其次，要符合法律规范和道德要求。合理合法的事情要义无反顾地坚持到底，不合理、不合法的事情坚决不做。

生产劳动中履行承诺就是指严格遵守企业规范和标准，不折不扣地执行岗位职责。任何的马虎或疏忽都会成为自己工作中的短板，引发木桶效应（短板效应），影响整体的劳动进程、产品质量、个人的声誉和职业发展。

木桶效应（短板效应）是木桶定律的经典诠释。木桶定律是由管理学家彼得提出的，是指由多块木板构成的木桶，其价值在于盛水量的多少。但是决定盛水量的关键因素不是最长的木板，而是最短的木板。若想增加木桶的盛水量只有换掉短板或者将其加长。在劳动中执行劳动规范时，往往是操作不当的环节决定着整体的劳动质量和效果。只有诚信地劳动，一丝不苟地遵守操作规范，丝毫不打折扣，才能立足职场，取得成就。

（三）执着追求高质量的劳动成果

诚信劳动并不是嘴上说说而已，关键是看实效，体现在劳动中，即追求高质量的劳动成果。我们常说"言必信，行必果"，精益求精，追求卓越，说的就是这个道理。高质量地完成劳动既能彰显个人能力，又能体现出个体的劳动态度和素质。首先要给自己定高标准、高要求，坚决杜绝随意糊弄、弄虚作假、指鹿为马的现象；还要有执着的精神，坚持不懈。在追求高质量劳动成果的过程中会出现各种难题和阻力，这时不能轻言放弃，否则前功尽弃，违背了诚信的原则。

被誉为"大国工匠第一人"的高凤林就是一个执着追求高质量劳动成果的典型代表。他是航天特种熔融焊接工，被称为"金手天焊"。他所从事的航天火箭的焊接工作难度大、精度高。火箭高达20层楼，体重数百吨，但仅仅一个密封圈、螺丝甚至几克的杂物就能让它在飞行中轰然解体。焊枪的每一次点焊，力道、时间把握不对，都是巨大隐患。火箭发动机上一个焊点的宽度仅0.16毫米，焊接时间误差仅限0.1秒，并且火箭上每种材料的焊接方式均不相同。这些都对焊接工的技术要求特别高。正是高凤林对知识、技术、操作的综合把握以及对质量和效益的执着追求，才铸就了今天的中国航天事业，同时也成就了自己。

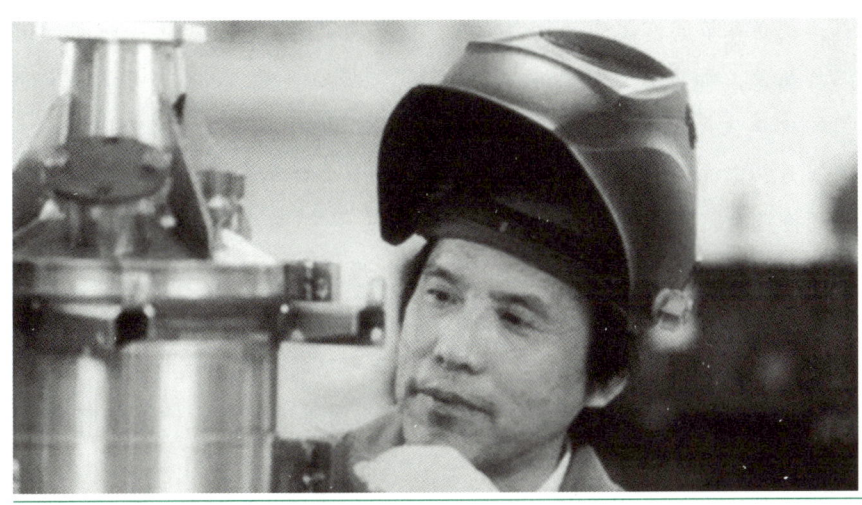

"金手天焊"高凤林精益求精的工匠精神

四十余年来，他先后为140多枚火箭焊接过"心脏"，占我国火箭发射总数的一半之多。长三甲系列运载火箭、长征五号运载火箭的第一颗"心脏"（氢氧发动机喷管）都在他手中诞生，无一处失误。他还先后攻克了航天焊接200多项难关，包括为16个国家和地区参与的国际项目攻坚。高凤林能够获得今天的成就和荣誉凭借的就是他精益求精、追求极致的工匠精神。他说："我做事干到一般般都觉得丢脸，要干就干到最好"，"做事要让人竖起大拇指"。

（四）勇于承担劳动责任

对人守信，对事负责，是诚信劳动的基本要求。诚信意味着责任。责任是诚信的保障，是获得劳动成功的一扇大门。恪守诚信落实到具体的劳动中，就是要踏踏实实做好自己的事，并敢于对劳动负责，不推卸责任。首先，要树立负责任的观念，以认真负责的态度去劳动；其次，要做好分内事，承担应该承担的任务，完成自己的使命；最后，还要诚恳地面对失误和问题，敢于承担责任，知错能改，并寻找补救的方法，这也是一种诚信，是在生产劳动中必备的素质。

联系实际 ★★★★★

2019年12月，一件严重危及人们生命安全的突发事件威胁着全国的每一个人。面对危情，口罩成了阻挡病毒的"第一道防线"，全国各地对口罩的需求量急剧上升。

甘肃矿区民政集体管理公司被服厂工作人员，积极响应甘肃矿区号召,放弃春节阖家团圆的机会,在矿区民政局的安排下,第一时间返回工作岗位,加班加点赶制口罩。被服厂在岗工人仅11名,由于缺少专门的口罩生产设备,只能完全依赖纯手工制作,每天产能仅600余个。从正月初四至元宵节,共计生产了6 000多个口罩,及时供给了矿区一线的检疫人员,以保障检疫人员的健康。

"这些口罩都是我们手工做的,虽然慢,但多做一个,就能多贡献一份力量",被服厂加工车间的解秋云和其余制作工人一边赶制口罩,一边和记者交谈。虽然已年近古稀,解秋云手里的针线依然行云流水般在布料上穿梭。她告诉记者,口罩生产看似简单,但加工一个却需要30多道工序,而大部分工序都是由工人手工完成的,为保证质量,他们每一针、每一线都格外认真。虽然手工生产效率低,生产任务迫切,解秋云带着工人们对每一道工序都严格把关,在加工过程中没有任何偷工减料的行为,也不为了提高产量而缩减工序或粗制滥造,因为合格的口罩关系到每一个一线工作人员的生命安全,也是防止病毒扩散的第一道壁垒。

为了保质保量地完成任务,所有的工人连续加班加点,从没有一个人迟到早退,有时候连水都顾不上喝,每次上班之前大家都自觉做好洗手消毒工作,保证作业环境的卫生与安全。每一个口罩都是一份安全保障。口罩虽然不多,但都是被服厂加工工人一针一线、争分夺秒串起的。这些高质量的口罩体现了对生命的敬畏,战胜困难的决心,也是这些工人对早日打赢防控阻击战的美好祝愿。

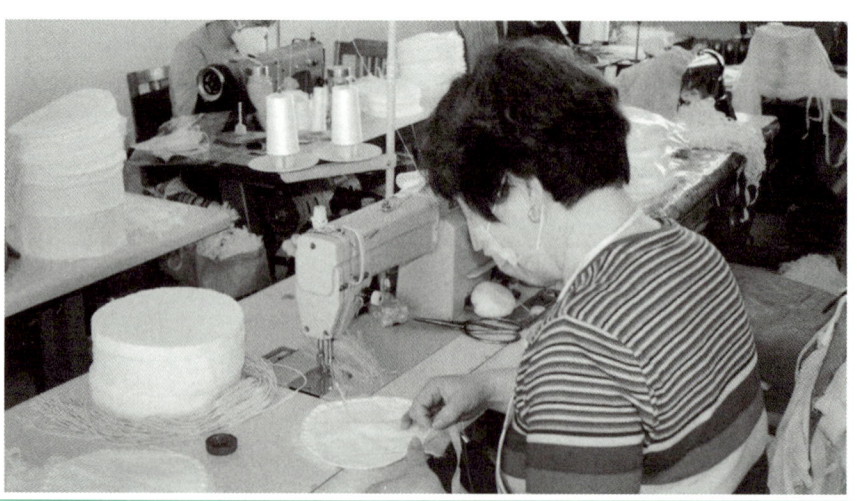

"奶奶工人"们保质保量地赶制口罩

此刻行动
★★★★★

1. 学习他人

（1）请认真观看中央电视台《大国工匠》纪录片第二集"大术无极"，领略工匠们一丝不苟、精雕细琢、精益求精的劳动态度，思考他们在劳动中是如何根据自己的能力承担工作角色、履行自己的职责、追求极致的，以及出现问题之后是如何承担责任的等问题。

（2）分小组讨论。每组设组长一名，引导大家讨论并做汇报发言。

2. 自己行动（可结合所学的专业设计活动）

班主任组织一次学生进车间活动。具体体验活动安排如下：

（1）观摩车间员工如何按照规范进行生产劳动。

（2）动手操作，亲身体验劳动，按照规范进行操作，体会操作过程的规范性和严谨性。

（3）与车间工作人员面对面分享交流，听取他们的劳动经验，并说说自己的劳动体验。

（4）填写反思表。根据反思内容将车间一日行的所思所感记录下来，并填写下表。

劳动内容：

反思内容	观　　点
如何根据自己的能力承担角色和工作？	
如何不折不扣地履行劳动职责？	

续 表

反思内容	观 点
如何高质量地完成劳动任务?	
如何勇于承担劳动责任?	

微课　诚信劳动（上）

微课　诚信劳动（下）

第三部分

锻炼劳动能力

劳动是需要能力的。劳动中会使用劳动工具。从原始社会到现在，人类的劳动工具实现了飞跃式发展，它推动了人类劳动形态的变化，也对劳动能力提出了越来越高的要求。在原始社会，人们只会使用经过简单打磨的石器去劳动；而今天，人们使用非常复杂的设备进行劳动，如自动化生产线，甚至已经开始尝试用物联网技术把生产线联系起来，实现生产的智能化，建设无人工厂。日常生活中的劳动也得到了越来越高端的设备的支持，如洗碗机、扫地机器人等。劳动形态的变化促进了劳动组织方式的变革，即从个体劳动走向集体劳动。现代社会中的大多数劳动要通过极为复杂的分工合作来实现。比如华为技术有限公司 2020 年拥有的员工数是 19.4 万人。要有效地组织如此多的员工进行高效率的劳动，就需要非常复杂的管理体系。

这说明，当代社会中的劳动具有专业性。从事任何劳动都需要能力，哪怕是最简单的劳动，如打扫教室卫生，也需要正确、灵活地使用各种劳动工具的能力，与同学分工合作完成任务的能力，对劳动方法进行创新以更好地完成任务的能力，以及合理地进行劳动防护和环境保护，防止在劳动中出现意外伤害或污染环境现象的能力。随着科学技术在生产、生活中日益广泛而深入地应用，劳动的专业性将越来越强，许多生产、服务劳动已经有了非常专业的要求，劳动者只有在深入学习理论知识并反复训练技能后才能胜任。

第六章
劳动需要能力

> 学习目标：能结合现代生活与现代职业的要求，体会到能力对胜任劳动的重要性，认识到使用工具是劳动的重要特征。

请仔细阅读下列问题，逐一回答"是"或"否"，并将答案标注在相应的位置。

测测自我
★★★★★

序号	问题	是/否
1	你是否了解现代生活与现代职业对人的劳动要求？	
2	你是否认同人工智能的发展及应用会影响社会对人的劳动能力的要求？	
3	你是否认同现代劳动需要更多的知识和技能？	
4	你是否能说出知识与能力的区别？	
5	你是否认同人类劳动的重要特征是使用工具？	
6	你是否能说出至少两种生产劳动工具的名称和功能？	
7	你是否有使用生活劳动工具或生产劳动工具的经验？	
8	你是否会在劳动过程中有意锻炼劳动技能？	
9	你是否能为复杂劳动制订计划？	
10	你是否能在执行劳动过程中合理调整计划？	

以上问题，回答"是"越多越好。

一个人要获得劳动能力，就需要在实践中反复锻炼。正如下水才能学会游泳，人们在完成劳动的过程中才能形成真实的劳动能力。要较好地完成劳动任务，除了要有主动、积极的劳动态度，还需要具备必要的劳动知识、技能和计划能力。获得劳动能力需要通过参与各种不同形式的劳动活动去锻炼，比如通过承担洗衣服、整理房间、维修电器或家具等生活劳动，或者结合专业开展职业劳动锻炼基本能力。此外，还可以在劳动过程中有意识地积累知识，练习技能，锻炼制订计划的能力。从人类发展史来看，劳动能力不仅是个人发展的需要，也是国家发展的基石。即便是在智能化时代，国家的繁荣和人类的进步，仍然需要各行各业的劳动者掌握使用智能化工具的知识和技能。

现象评析
★★★★★

一般来说，每个人在成年之后都需要独立自主地生活，但现在许多学生缺乏基本的日常生活劳动知识，不会辨认常用的生活劳动工具，这种现象正常吗？不少毕业生缺乏从事职业劳动所需要的基本技能，初次就业感到不适应，你如何看待这种现象？这种现象对个人和社会的发展会有什么影响？智能化工具广泛应用于生活劳动和生产劳动之后，人类是否就不需要锻炼基本的劳动技能？

请自己思考，也可以与小组成员一起讨论，得出小组共同的观点。

问　题	观　点
有些同学说不出常用生活劳动工具的名称，你怎么看？	
有些同学缺乏使用日常劳动工具的技能，你怎么看？	
有人说智能化工具将来会完全替代需要体力的劳动工具，你认为可能吗？为什么？	

现象一 现在许多家长舍不得孩子动手劳动，许多学生从小就缺乏接触劳动的机会，连一些基本的日常五金工具或生活劳动工具都叫不出名称，也不清楚工具的主要功能。某修理厂的一线管理人员向学校反馈，现在职业院校的学生不懂基本的劳动技术，缺乏普通的劳动技能。因而许多人呼吁提升学生的劳动能力。《半月谈》杂志里的一篇文章指出："家长要积极转变观念，适当安排孩子干些洗碗、做饭、整理房间、打扫卫生等家务活，让他们出出力、流流汗、吃吃苦绝不是坏事。"

现象二 缺乏在工作中的长期锻炼，不仅让一些同学劳动能力弱，缺乏恒心与毅力，甚至使他们难以胜任普通的岗位。实际上，新入职的员工总需要从基层岗位开始，逐步形成工作能力和职业能力，从而获得生涯发展的机会。企业人力资源部门的管理人员常常抱怨："现在的年轻人不肯吃苦，遇到劳动强度稍微大一点的工作就很难坚持，总是希望通过跳槽获得轻松的工作，有些新员工才刚熟悉业务就跳槽了。但实际上，坚持一段时间的锻炼，他们的工作能力能够提升，职业生涯也能够得到更好的发展。"学生家长反映："现在的学生享受惯了，很难长期坚持一项生活劳动，学校布置的劳动任务，装模作样做一下，然后拍照交差。"

现象三 有的学生认为，在智能化时代，机器全面替代人类劳动，过剩的生产力会使每个人都具备丰富的消费资料，人们以后只需负责消费，大部分人不需要辛苦劳动，使用劳动工具的事情交给机器人就行了。这是片面的观点。2019年12月发布的《人口与劳动绿皮书》预测，"十四五"时期新技术应用对中国制造业普通劳动力岗位的替代率为19.6%，但同时增加了认知和技能水平较高及"人机协作"操作和管理服务的工作岗位需求。因而随着智能化时代的到来，人类劳动技能变得复杂化，所需要的知识和技能更加专门化。

一、什么是劳动能力

提升认知
★★★★★

能力是指完成一定活动的本领，是一种力量，具体表现在人们掌握知识、技能等的难易、快慢、深浅程度和巩固程度，以及运用知识解决实际问题等方面。针对某项活动具备越多的知识、技能和态度，就越可能形成某种能力。知识、技能和态度是获得能力的基础，能力是在学习或练习的过程中发展起来的。具有一定能力的人通过思考和行动，能够改造我们的生活世界和职业世界。劳动者通过劳动能力改变生活或改造世界。

劳动能力主要是指从事劳动所必备的知识、技能和态度，以及综合运用这些知识、技能和态度去解决问题的能力。要胜任劳动总是需要具备一定的劳动能力，比如认识、记忆和理解劳动工具，熟悉劳动情景，熟练地运用技能完成劳动，热情积极地投入劳动等，这是完成劳动任务的前提。人类要生存和发展，就需要具备劳动能力，包括生活劳动能力和职业劳动能力。职业劳动既包括生产劳动，也包括服务性劳动。其中，与吃饭、穿衣等生活活动相关的能力称为生活劳动能力，与建筑工人、管道工人、教师、医生等从事的职业活动相关的能力称为职业劳动能力。生活劳动能力是从经验生活中获得的，其获取方式相对简单。职业劳动能力一般指能认识和使用专业化的劳动工具，熟悉劳动过程、运用劳动方法等。这些劳动能力只有在工作过程中才能形成，其获取方式相对复杂。

劳动能力总是和完成某种实际任务相关联，并在完成任务的过程中得以体现，这是一种实际做事的能力，需要充分锻炼。比如生活劳动工具，只有亲自使用家用五金工具和厨房用具，在实际使用工具的过程中才能发现问题、解决问题，掌握其操作方法、操作规范和注意事项。职业劳动工具更强调系统化的理解或操作。比如，无论是建筑工人还是医生，若没有经过无数次实践练习，必然缺乏熟练完成本职工作的能力。

二、职业劳动需要专业化的知识和技能

随着现代劳动的复杂化，现代生活与现代职业对能力的要求越来越高。要胜任现代职业劳动，学生不仅需要具备丰富的专业知识和技能，还需要在实际劳动过程中积累知识和练习技能，锻炼劳动能力。

（一）科技的应用使人类劳动变得日益复杂

人类劳动变得日益复杂，劳动形态发生了翻天覆地的变化，无论是生活劳动还是职业劳动，都广泛地应用了科学技术。例如，在现代生活中，信息化设备已逐步成为日常必备品，智能家居设备也越来越普及。人们不再完全靠体力完成家务劳动，而是通过与智能产品合作完成劳动任务，比如在生活中运用自动洗碗柜和扫地机器人。现代职业劳动的变

化尤其明显，在现代生产中，许多职业劳动已采用自动化设备，甚至全自动的生产方式，服务业岗位也出现了具备一定智慧能力的智能会计、智慧金融客服等。传统的会计工作与柜台服务工作，转变成帮助客户与机器人互动的辅助性工作。

现代劳动的特征是大量运用科学技术。以科技为基础的现代劳动，要求广大劳动者既要懂得科学技术知识，也要掌握现代生产的技能，理解各行各业职业劳动的岗位特点。以服装产业为例，以往一件衣服制作的所有工作由一个人或少数几个人就能完成，但生产效率很低；现在，生产一件衣服需要经过几十道工序，由很多不同岗位的人协作完成，生产过程涉及大量智能化设备操作、维护等方面的科学知识和技术知识，生产效率大幅提高。又比如交通运输业，新能源汽车逐步普及，也出现了无人驾驶汽车，要胜任与汽车维修和保养相关的职业岗位，就需要能理解并运用更多、更丰富的科学知识和技术知识。

（二）拥有知识是从事职业劳动的基础条件

现代社会产业高度分化，人类劳动因而越来越专业化。无论是日常生活劳动，还是职业劳动，都越来越需要专业知识作支撑。生活劳动主要通过观察和模仿来学习，相对简单，主要需要端正的态度。职业劳动却越来越复杂，专业化程度日益增强，不仅需要态度，还需要足够的普通技能、职业技能，能力要求更高的职业需要更多的文化知识和职业技能。

正如劳动力教育研究发现，个人在劳动力市场存在竞争优势的差异。由图可知，该模式中的水平一，表示工作习惯、态度和普通技能等内容，缺乏这些基础性职业素养，劳动者难以获得工作岗位，这是胜任低技能或低工资工作的基本要求。水平二表示文化知识，要胜任技能要求较高或工资水平较高的工作，需要一些文化知识，这说明胜任较高水平的岗位任务离不开文化知识。水平三表示职业技能和专门化知识，这说明获得高技能或高工资的岗位，需要更高水平的职业技能和文化知识。该模式说明，劳动者获得简单的工作，主要依靠态度的支撑；获得较复杂的工作，则需要以文化知识作为基础；获得更高工资水平的工作，还需要学习专门化的知识，训练相关职业技能。总之，劳动者要想获得劳动力市场的竞争优势，既要加强文化知识的学习，也要重视专业知识的学习，还要加强技能训练。

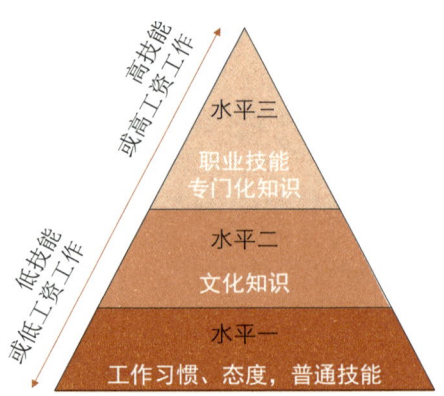

劳动力市场的竞争优势模式

（三）掌握技能是胜任职业劳动的重要前提

胜任职业劳动需要专门的技能。胜任职业劳动仅有知识是不够的，还需要做出成果，或者完成服务。在这个过程中所需的许多技能是在劳动中逐步形成的。有知识不等于有技能，更不等于有能力，个人从开始积累知识、具备技能到形成能力，还需要付出巨大的努力。因而，练习技能是胜任职业劳动的重要前提。形成劳动能力不能仅满足于知道或者理解了劳动工具或劳动过程，还需要真实地执行与完成劳动任务，以便通过灵活应对职业劳动任务锻炼劳动能力。

以要求较为严格的药品采购工作为例。药品采购工作的岗位能力，看似仅需全面认识药品内容，懂一些基本的采购流程，而实际上，课堂中所学习的分析药品质量、价格和服务等因素，开发潜在供应商的内容，仅是一些药品采购的准备工作，要完成采购流程还需要执行药品采购合同的签订、执行，药品采购绩效评价，供应商管理等众多工作内容，需要多项岗位能力，每一条能力都能拆分为数条子级能力。这些能力并非通过单项技能训练或者掌握系统知识就能获得，而是需要在实际采购过程中反复实践、积累经验从而真正掌握药品采购技能。

即便是各行各业都涉及的且工作内容相对简单的客服工作，也并非简单地通过学习教材，从理论上理解客户类型与诉求情况，或者明白整理客服数据的方法就能够胜任；要胜任这份工作，还需要掌握以下能力：在实际工作过程中，以正确的态度或心态对待各种客户投诉或举报；能有效地调节自己的心情；根据客服数据反馈，主动判断并合理处理问题；等等。这些能力都需要在实际工作现场通过训练并逐步积累而形成。还需注意的是，国家对从事涉及公共安全、人身健康、生命财产安全等特殊工种制定了专门的职业技能标准，实行职业资格证书制度，由经备案的考核鉴定机构负责对劳动者实施职业技能考核鉴定。

三、使用工具是人类劳动的重要特征

（一）认识和使用劳动工具是人类劳动的重要特征

认识和使用劳动工具是劳动者必须具备的能力，也是人类劳动的重要特征。无论是生活劳动还是职业劳动，通常都需要借助一定的工具。例如，烹饪需要厨房工具，挖矿需要采矿工具，加工制造需要机械加工设备，原材料搬运需要运输工具，清洁服务需要打扫工具，媒体制作需要硬件与软件制作工具。

使用工具是社会发展和时代进步亘古不变的动力。正如亚当·斯密和卡尔·马克思等许多著名经济学家所指出的，劳动的一个重要特征就是使用工具，使用工具能提升劳动效率和发展社会生产力。动物的"工具"通常仅是它们的躯干、肢体和器官本身，比如爪、牙等，人类的工具则是在劳动中创造出来的，并通过劳动得到改善、升级，最终进一步促进生产劳动的发展。

劳动工具就如同记录人类劳动的一本"书"，这本"书"记载着人类劳动能力的发展历史。随着这本"书"的翻页，社会的整体劳动特征和相应的时代特征也逐步发生变化。例如，人类懂得了操作石器，我们就迎来了以新石器为标志的部落时代；人类懂得了操作铁器，我们就迎来了封建社会；人类懂得了操作机械，我们就迎来了工业时代；人类懂得了操作电脑，我们就迎来了信息化时代。

（二）人类劳动形态的发展与工具演化具有密切的关系

近200万年的直立智人劳动史是人类工具的演化史。200万年前，我们的祖先直立智人的活动方式与动物区别不大，但在掌握了石器、铜器、铁器等一系列工具的制作、使用方法后，人类依次经历了石器技术时代、铜器技术时代、铁器技术时代、机械技术时代、电子技术时代和信息技术时代，人类劳动方式发生了翻天覆地的变化，人类劳动形态与动物活动形态明显区分开来。

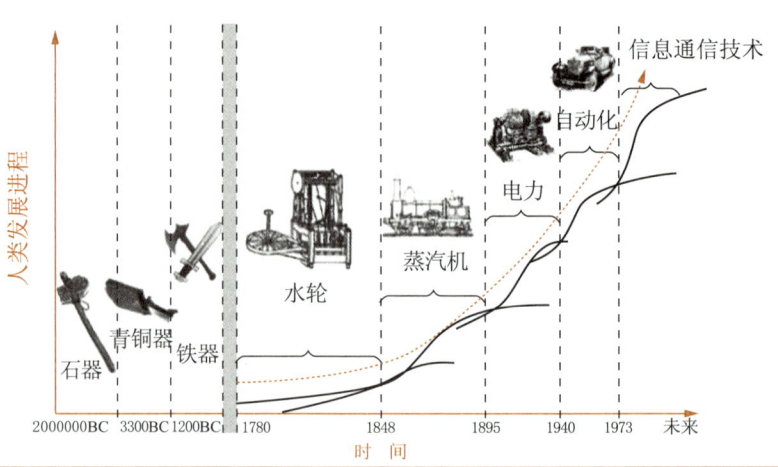

人类工具的演化

人类采集社会的原始劳作

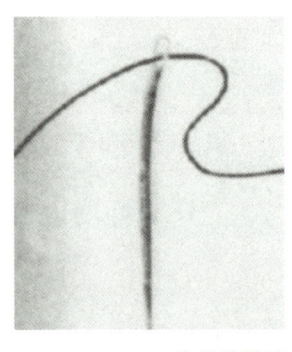

18000年前的骨针

旧石器时代,人类的居所不固定,使用的工具并不多。主要的技术仅仅与生存、狩猎和采集食物有关,这个时期最重要的技术就是使用火、制作石器器具和石制武器等。新石器时代,人类用以制作工具的材料逐渐丰富起来,从狩猎、采集模式逐渐转向了农业模式,从而带动种植技术的发展、动物驯养技术成熟,人类也逐渐开始定居生活。农业技术的发展促使人口迅速增加,人们改进了生活工具,人类社会依次进入了铜器时代和铁器时代。由于缺乏科学方法,人类难以发现自然材料和研发人造材料,经历了漫长的铁器时代。直到蒸汽机发明引发产业革命,科学方法进一步系统化、技术化,人类技术水平在科学发明的促进下发生了翻天覆地的变化。之后,随着电子技术和信息技术的发展,人们逐步进入信息化社会。

人类劳动形态的发展与劳动工具的演化密切相关。在远古时代,人类的衣食住行所需都来源于自然界,比如人类穿的兽皮,采取穴居和洞居的生活方式所需的工具是来自自然界的石头或动植物,如桦树皮等。主要劳动技术包括各种石器的打制方法,以及制作桦树皮器具的方法等。石斧是当时重要的劳动工具。随着劳动工具的演变和发展,人类劳动方式也就随之改变,而劳动方式的变化,又反过来促进了劳动工具的进步。例如,古代叉子是用铜或铁制的,叉柄则是由木头、贝壳或兽角制成的。刀子的使用非常普遍,刀子可当餐具、武器或者一般工具。这说明工具具有人体延伸功能,比如刀、斧、叉、锤子等工具是手的延伸。总之,许多工具的发明,是从作为劳动操作对象的燧石和树枝中获得灵感的。这些工具又反过来提高了劳动的生产效率和质量。

　　文献记载，车最早是由人推挽的，人推挽车比徒手搬运省力，后来才用畜力牵引。人类不断尝试各种杠杆的省力方案。随着社会的发展，人类自然不会满足于动物的速度和木头的力量，通过各种尝试后，人类发明了内燃动力的汽车。工具的复杂化导致工具对人类的劳动知识和技能的要求提高。借助这些工具开展生产劳动，自然也要求人类具备更多的知识和技能。现在，作为运输工具的飞机，其航空发动机、仪表、机载设备、液压系统等功能组件多达百万件，操作手册多达千页乃至数千页，对其进行操作和维护都是极其复杂的工作，这是以往时代难以想象的。

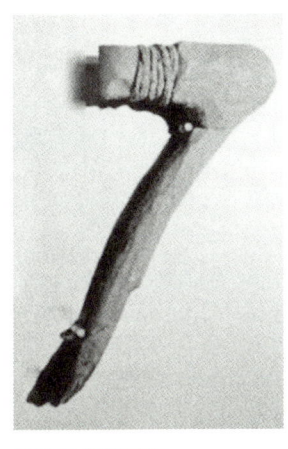

原始社会的石斧

（三）认识和使用日常生活劳动工具

　　不同类型的劳动需要不同的工具。在日常生活劳动中，我们通常会使用五金工具、缝纫工具和厨房用具。五金工具是铁、钢、铝等金属经过锻造、压延、切割等物理加工制造而成的各种金属器件的总称。

日常生活劳动工具一

工具图片与名称	工具特点	工具功能	使用技巧/注意事项
电动螺丝刀	1. 相对手动螺丝刀来说，使用起来不太费劲 2. 体积不大，但能伸能缩，在狭小的空间里也能运用自如	1. 组装玩具 2. 维修家电 3. 安装家具	1. 以正确握姿垂直对准操作对象 2. 按压力度适中
多功能老虎钳	1. 集合了老虎钳、螺丝刀、小手锯、小刀和起瓶器的功能 2. 符合人体工程学设计要求	1. 剪电缆线或者其他金属线 2. 装卸螺丝或者货物 3. 户外骑行时修自行车，户外野营时生火 4. 开罐头等	1. 避免夹伤虎口皮肤 2. 使用时要给予一定的握力，防止操作对象打滑

续表

工具图片与名称	工具特点	工具功能	使用技巧/注意事项
羊角锤	1. 一头是圆形的，一头扁平向下弯曲并且呈V字形 2. 应用杠杆原理，省力 3. 把手添加塑胶，起到防滑作用	1. 钉钉子 2. 撬开其他工具、设备等 3. 去鳞片 4. 开瓶盖	1. 若使用腕挥方法，仅靠手腕的动作就可进行锤击运动 2. 钉子需要顺直地钉入木材
多功能扳手	1. 集成了多种型号的扳手 2. 轻便耐用	1. 拆卸面盆下水器和水龙头起泡器 2. 安装淋浴花洒龙头 3. 安装厨房龙头、阀芯压盖、常用4分接口软管等	1. 所选用的扭矩扳手的开口尺寸必须与螺栓或者螺母的尺寸符合，避免损坏螺件六角 2. 按照操作螺件的松紧要求选择正确转向
多功能曲线锯	1. 轻便小巧 2. 加力方便，易锁紧，锯条利用率高	1. 切割木块 2. 切割箱体 3. 切割小型金属	1. 根据切割的材质选择不同的锯片 2. 一般沿着直线切割物体，有曲线切割等特殊需要时，要避免刀片碎裂造成的伤害

　　缝纫工具和厨房用具在日常生活中也比较常见。随着生产技术的提高，当今的工具逐步自动化，例如家用电子缝纫机。家用电子缝纫机的诞生并不意味着缝纫工作完全不需要人的参与了，恰恰相反，它需要劳动者具备更多相关知识和技能。例如，需要综合考虑线、针和布料用量来合理搭配，要根据不同的布料选择不同的线和不同的针号。厨房用具种类则更为丰富，除了简单的刀具，还包括搅蒜器、包饺子器、榨汁机等。只有具备关于工具特点的知识、功能的知识和使用技巧，才能驾驭这些工具，完成家务劳动。

日常生活劳动工具二

工具图片与名称	工具特点	工具功能	使用技巧/注意事项
家用电子缝纫机	1. 采取"电动+脚踏"的驱动方式 2. 线迹种类多，如直线、曲线、花样线迹、暗缝线迹等 3. 人工操作方便，工作效率高	1. 缝衣服 2. 缝被子 3. 缝布料	1. 针线按照机器使用说明安装，避免线条打结、卡顿机器。把机针插到针杆孔的深处，确保坚固 2. 缝纫机机针针身光滑，无尖刺、锈斑，针尖的钝度适宜 3. 缝制时勿拉拽布料，进行手工缝制时注意遵循说明，以免导致机针断裂
搅蒜器	1. 采用手拉绳的方式搅碎 2. 刀片锋利，拉绳耐磨，省时省力，方便使用和清洗，卫生安全	1. 打碎蒜泥 2. 打碎辣椒 3. 打碎蔬菜	1. 将蒜等待碎物放入容器后盖好盖子，轻轻拉几下绳子完成搅拌 2. 不要使用太大的力气，避免绳子断开
家用包饺子器	1. 人性化设计，操作快捷简单，采用不锈钢材质 2. 厚实耐用，人工抛光，表面光滑，易清洗	包饺子	1. 将饺子皮和馅放在上面，一压即可成型 2. 馅料不可放太多，避免饺子没办法封口
手动榨汁机	1. 人性化手柄，操作简单 2. 出汁率高，清洗方便	榨果汁	1. 将果蔬放好，一压即可出汁 2. 使用完及时清洗，以免产生异味

（四）认识和使用专业劳动工具

不同岗位或者工种的任务，通常需要使用不同的劳动工具。以常见的木工和园艺为例，工人完成工作任务的过程中一般需要恰当、有效地使用系列工具。

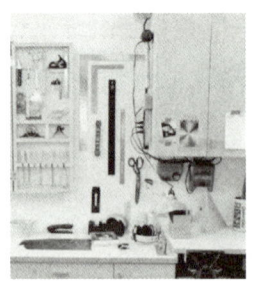

木工和园艺常用的系列工具

木工和园艺的工具一般储存在工具袋、工具箱或者工具屋中，包括七种类别，分别为测量工具、切碎工具、紧固工具、敲打工具、挖掘工具、造型工具和装饰工具。

木工和园艺常用工具

工具类别	工具举例	工具特点	功能及使用
测量工具	数字卡尺	不锈钢或塑料工具，带有电池供电的数字显示公制读数	功能：快速方便地获取内部和外部尺寸 使用：按开/关按钮；将显示设置为零，调整钳口并读取测量值
	组合直角尺	可调尺，可沿尺滑动，并用指旋螺钉锁定	功能：标记45°角；作为角度或水平依据；检查深度 使用：松开翼形螺钉，沿着标准尺滑动砧座，然后重新拧紧
切碎工具	手锯	带有锯齿的硬木锯	功能：用于板材的裁切，用于粗切 使用：将齿放在木材的后边缘，向后拉锯以形成凹槽
	草剪	坚固且较重，带有一个活动刀片和一个固定刀片	功能：修剪角落的草坪边缘，切割草本植物，进行整体整理 使用：像使用剪刀一样，用一只手使用，另一只手辅助

续　表

工具类别	工具举例	工具特点	功能及使用
紧固工具	链条扳手	自紧链或带驱动器的棘轮杆	功能：紧紧抓住圆柱形汽车机油滤清器 使用：将链条缠绕在滤清器的中间，转动驱动器直至拧紧，然后使用棘轮转动过滤器
	无绳组合钻	电池供电的工具，具有附加的锤击功能，也可用于钻石头	功能：在大多数材料上钻孔，包括混凝土和砖砌。驱动或卸下螺钉 使用：在卡盘中插入合适的钻头，选择钻孔，然后锤击或拧紧螺丝，注意选择合适的速度
敲打工具	鹤嘴锄	一种长柄工具，一端带有尖锐或扁平刀片，中间装着木柄	功能：挖掘和砍伐，疏松坚硬的土壤，切开根部 使用：将锄头抬到刚好高于腰部的高度
	冰镐	小巧轻便的镐，带有锯齿形，可用来切冰	功能：陷入冰层时可用于自救，辅助攀援 使用：暂时性地切入冰块。难以作为固定的"锚点"
挖掘工具	挖孔器	实际上是双刃铲，具有剪式构造和长手柄	功能：孔头与挖掘杆同时伸入操作对象，从孔中挖出松动的材料 使用：握住两个手柄，将头放到松动的土壤中，拉开手柄以抓紧，提起并清空材料
	长柄花园爪	带有T形手柄的中等高度工具。四个短的针脚，通常排列成一个正方形	功能：耕种和疏松土壤，清除杂草，堆肥 使用：将插脚推入土壤并旋转手柄

续 表

工具类别	工具举例	工具特点	功能及使用
造型工具	木制刨平器	密实的硬木（山毛榉或角树）主体，带有楔入到位的钢刀片的切口	功能：根据模型的不同，用于从初步粗加工到最终精加工的一般刨削任务 使用：用小锤轻轻敲击刀片的上边缘以增加切割深度
	块状刨平器	一只手使用的小型铁制工具；带有深度和横向调节器	功能：刨平端面纹理、窄边、倒角、修边和精细的细加工 使用：调整刀片以进行精细切割，使用时将手掌放在工具顶部，用两只手会增加刨平器的压力
装饰工具	接缝辊	小塑料辊，表面光滑；通常宽度为4～5厘米	功能：滚过两部分墙纸的接缝，使它们整齐地结合 使用：将两部分墙纸放在墙上后，轻轻向下滚动，直到滚到它们之间的连接处；擦去多余的胶水，将其挤出接缝
	墙纸刷	长而宽的刷子，带有中等长度的软毛和平坦的手柄，手柄通常由木头制成	功能：固定墙纸后，用于去除折痕，使墙纸表面光滑 使用：将墙纸的一部分放在墙上后，从中心到边缘进行刷涂，从上到下移动，并随手轻轻刷

四、复杂劳动需要计划能力

计划能力是指为开展某项劳动设定目标、方法、安排、保障等计划内容的能力。要高效率、高质量地完成复杂劳动，还需要做好劳动计划，缺乏计划的复杂劳动通常是盲目与无效的。做好计划是完成复杂劳动的前提，劳动者需要重视计划能力的培养。

（一）复杂劳动的特点

复杂劳动由许多简单劳动按照一定的顺序组成，涉及许多步骤且整体持续时间较长。例如，学习制作一件精美的手工艺品，仅用一堂课的时间通常不够，一般需要持续工作数天甚至数月。即使是完成一次家庭大扫除，包括修整庭院植物、扫地、擦窗户、清理家具等工作，或许也会持续数天时间，其他需要较多体力和脑力的生产和服务劳动往往持续更久。在一线管理者的周密计划之下，建筑工人、桥梁工人按照蓝图，通过数年才能建造出一幢幢巍峨的高楼、一座座连绵的大桥。如果没有计划能力，不做工作计划，就难以完成复杂劳动，可能因为遗漏重要事项，或者没有把最终目标分解为小目标而分步实施，以致无法取得最终的劳动成果。

智能化时代，劳动工具日益复杂，劳动活动也变得更加复杂。要完成复杂劳动，除了需要具备专门的知识和技能，更需要具备计划能力，即既包括做事的能力，也包括有计划地做事的能力。正如马克思指出的："蜘蛛的活动与织工的活动相似，蜜蜂建筑蜂房的本领使人间的许多建筑师感到惭愧。但是，最蹩脚的建筑师从一开始就比最灵巧的蜜蜂高明的地方，是他在用蜂蜡建筑蜂房以前，已经在自己的头脑中把它建成了。"现在很多劳动都是复杂劳动，需要设计蓝图，并长时间操作复杂工具。

（二）做好计划是从事复杂劳动的起点

在以体力劳动为主的社会，人们一般把手或者身体其他部位当作劳动的起点，当今知识社会则需要把做好计划作为劳动的起点。以体力劳动为主的社会，工具不发达，生产效率不高，制订劳动计划的必要性不是太大。而知识社会的劳动则需要充分调动人类的计划意识。要高效地获得劳动产品或者劳动服务，就需要做好劳动计划。

管理学认为计划是制定目标和达成目标所必需的行动。计划可以分为三个步骤。第一步：确定要追求的目标；第二步：确定实现目标所需要采取的行动路线；第三步：确定如何配置资源来实现目标。这三个步骤最为重要的是制定目标。目标制定需要符合一定的管理规律。管理大师彼得·德鲁克提出了目标制定的"SMART"原则，该原则包括五项内容：①明确性（specific）。用语言说明具体目标，不能模棱两可。②可衡量性（measurable）。以数据量化目标，明确每天要完成的事情。③可达成性（achievable）。目标是可以完成的，并非一时兴起，不切实际的目标只能增加压力、挫败感。④相关性（relevant）。指计划的目标与实际目标高度相关。⑤时限性（time-bound）。目标要有时间限制，在规定的时间内完成，并能看到结果。

只有具备了明确的劳动目标，清晰的达成目标的系列方法和步骤，并且在时间和行动保障上做了安排，才能形成最终的劳动成果。这些应体现在劳动计划上。有计划的劳动能减少变化带来的冲击，也能指明方向，减少重复性和浪费性的活动。实施劳动任务前，劳动者可借助表格制作计划，以下为计划表格样例。

月度计划表

计划人：_____   计划时间：_____   监督人：_____

我的月度目标（请在下面列出你接下来一个月里最想达到的三个目标）：

目标 A：_____

目标 B：_____

目标 C：_____

为了实现上述目标，我打算每天做这些事：

_____

_____

_____

每日计划完成情况记录

日期：_____ 年 _____ 月 _____ 日　　星期 _____　　天气 _____

今天我完成了以下事项：

_____

_____

_____

未完成的事项：

_____

_____

_____

没有完成的原因：

_____

_____

_____

未来改进的方式：

_____

_____

_____

月度总结

本月我的目标完成情况：

目标 A：□完成　　　□未完成

目标 B：□完成　　　□未完成

目标 C：□完成　　　□未完成

未完成原因分析：

_____

_____

_____

自评与反思：

_____

_____

_____

计划人签名：_____　　监督人签名：_____

（三）在复杂劳动过程中培养计划能力

相比简单劳动，复杂劳动对肢体动作和脑力认识的要求更高。复杂劳动要求劳动者具备相当高水平的知识和技能，并且需要经过一系列劳动过程才能完成。从事复杂劳动要注意制订周密的计划。

只有在完成复杂劳动的过程中才能更好地培养计划能力。劳动计划是对实际劳动活动的预测和安排，需要充分考虑劳动的变化情况。在进行复杂劳动时，劳动计划是一个动态的过程，我们先通过预测劳动结果、组织劳动过程，把最终的复杂劳动目标划分为许多过程性小目标，在达成一个个小目标并获得激励的同时，根据完成情况调整下一个阶段的目标和行动策略。"计划赶不上变化"的情况是从事复杂劳动的过程中经常发生的。在计划实施过程中总会遇到各种困难，有变数，应对的关键是根据实际情况灵活调整劳动计划。通过有意识地学习，在实践过程中逐渐形成计划能力。

联系实际
★★★★★

随着科技的飞跃发展，飞机成为行驶速度最快的大众出行工具，是人类工业史上的"皇冠"。2023年5月28日，由中国完全自主研发的C919大飞机，从上海虹桥国际机场起飞，降落北京首都国际机场，跨越1160千米，圆满完成首次商业航班执飞任务。这是一次载入史册的飞行，它见证了国产C919大型客机从立项到商业飞行的非凡历程，凝聚了几代航空人的心血与付出，更承载了中华民族奔赴星辰大海的航空强国之梦。从此以后，我国百姓能坐上"自己国家的大飞机"了。

国产C919大型客机的成功，得益于研发人员周详的设计，工程师们所做的万无一失的准备，装配人员高超的技能和各岗位劳动者计划周密、持之以恒的努力，试飞机组勇敢大胆的探索，以及大飞机各零件制造商的紧密配合，是多工种配合协调的复杂劳动的成果。飞机研发当然是极为关键的，但只设计出完美图纸和构件，不经过艰难、精确和细致的装配，作为复杂工业系统的飞机也会难以起飞。在飞机的研制生产中，计划能力显得尤其重要。

与国产C919大型客机研发相关的尖端科学技术知识暂且不说，仅是发动机的装配，就是极为复杂的劳动过程。发动机由运输车吊起安装至发动机吊挂，看上去只是简单地用几个点把发动机提起，然后在前（后）安装节拧上螺丝固定，事实上这是在严密的计划方案下，工程师以及技能熟练的装配人员，根据各种指令按照严密的程序逐步操作的结果。因为发动机本身就很庞大，再加上托架等器具，重量超过五吨，保持平稳是高难度工艺；前后位置多点螺栓还必须协调安装；更为艰难的是对工作精度的要求极高，例如，后安装节中心的定位导向销外径与吊挂的孔径精度差只有0.1毫米，也就相当于一根头发丝的直径。现场技师、工程师与其他装配人员一起利用一切能利用的工具，全力以赴，经过三个昼夜才把发动机这个部件安装完成。

飞机的装配工序是劳动者充分运用知识、技能和计划能力的成果。正如机械装配班组长王儒俊介绍："别看把发动机从运输车上吊起至机翼吊挂位置的距离不到1米，但我们却足足用了三个昼夜的时间。"国产C919大型客机的装配充分展现了各岗位劳动者的知识水平与能力水平，以及他们持之以恒执行计划的努力。

此刻行动
★★★★★

1. 认识和体验某种工具

从认识身边的劳动工具开始，了解居家常用工具的基本特点与功能，体会时代发展、技术进步在工具外观和功能变化方面的表现。例如，掌握智能扫地机的功能特征，梳理它从扫把变迁而来的发展历史，并在使用过程中体会哪些是自动完成的任务，哪些是需要人工配合的劳动任务。

劳动工具：_____

工具使用情景：_____

劳动工具的功能特征	
劳动工具的历史变迁	
劳动工具的使用体验	

填写人：_____ 日期：____年____月____日

2. 培养计划能力

按照自己的情况，从身边劳动做起，制订、执行并且反思一个持续性的劳动计划。具体要求是针对某项复杂劳动，制订一个月的劳动计划，并坚持执行。例如，打扫房间并整理衣物，或者修剪房间附近的杂草并做一些绿化设计和调整。

培养劳动计划能力

一、行动目标	
二、行动方法	
三、行动安排	
四、行动保障	

微课 劳动需要能力（上）

微课 劳动需要能力（下）

第七章
创造性劳动

> 学习目标：能理解创造是人类劳动的重要特征，树立运用科学方法在劳动中主动进行创造的意识。

测测自我
★★★★★

请仔细阅读下列问题，逐一回答"是"或"否"，并将答案标注在相应的位置。

序号	问题	是/否
1	你是否认同"劳动不只需要埋头苦干"的观点？	
2	你是否会尝试使用非常规的思路或方法解决劳动中遇到的问题？	
3	你是否有运用创意完成任务或作品的经历？	
4	你是否知道创造性劳动的特点？	
5	你是否知道重复劳动与创造性劳动的区别？	
6	你是否知道创造性劳动对人类社会发展进步的价值？	
7	你是否知道创新能力是大国工匠的重要品质？	
8	你是否知道普通劳动中也会包含非凡的创造行为？	
9	你是否知道如何科学地开展创造性劳动？	
10	你是否能举出专业领域的创造性劳动案例？	

上述问题，回答"是"越多表明你的创造力越强。

创新是一个民族进步的灵魂，是一个国家兴旺发达的不竭动力，也是中华民族最深的民族禀赋。创造在劳动中无处不在，创造性劳动既是在劳动中创造新事物、新方法、新理论和不断开辟劳动应用范围的活动，也是进行新发现、新发明，创造新技术、新工艺的活动，还是开发新产品和开辟新市场的活动。创造性劳动是人类在劳动中不断开拓新的活动领域，不断冲破常规，不断捕捉新的机遇，不断进行创新和创造，推动人类社会不断进步的复杂过程。

现象评析
★★★★★

"中国创造"正在逐渐代替"中国制造"而被世界广泛认知，它体现的不是简单的体力劳动，而是更高层次的脑力创造活动。当今我国在智能终端、无人机、电子商务、云计算、互联网金融、人工智能等领域有一批具有全球影响的创新型企业崛起了，技术革新推动着劳动方式的变革。请思考下列问题：有人认为"职业院校的学生只能从事简单机械的劳动"，你如何看待这种观点？如何正确认识"中国创造"的紧迫性和重要意义？目前我国专利申请量世界第一，但专利转化为实际生产价值的比例却不大，你能否结合这一现象讨论什么是真正的创造？

请自己思考，也可以与小组成员一起讨论，得出小组共同的观点。

问　　题	观　　点
如何看待"职业院校的学生只能从事简单机械的劳动"这一观点？	
如何理解开展创造性劳动的价值与紧迫性？	
结合我国专利数量多但转化率低的现象，讨论什么是真正的创造。	

现象一 一份针对高职学生创新能力现状的调查报告显示，高职学生对于自己的创新能力不自信，被调查者中，43.75%的人选择"能力较弱"，33.14%的人选择"说不清"，12.65%的人选择"很弱"，选择"很强"的人仅占3.68%。但同时我们会发现，职业学校学生中不乏技术能手和创新达人，获得技术发明专利的职校学生也屡见不鲜。

现象二 时速350千米，从上海到北京只需4小时18分。"复兴号"高铁的提速，让中国高铁再次成为世界上最快速的列车，中国也成为全球高铁商业运营速度最快的国家。这是中国"引进—消化吸收—再创造"技术路线的典范。从"和谐号"到"复兴号"，中国高铁驶入了完全自主知识产权的时代，"复兴号"采用的重要标准中中国标准占了84%，整体设计、车体、转向架、牵引、制动、网络等关键技术均为我国自主研发，具有完全自主知识产权。"中国标准"成为世界高铁的"新名片"。

现象三 党的十八届五中全会提出"创新、协调、绿色、开放、共享"的发展理念，以新理念引领发展。创新是引领发展的第一动力，我国出台了一系列鼓励创新的政策，包括《国务院关于大力推进大众创业万众创新若干政策措施的意见》《国务院关于新形势下加快知识产权强国建设的若干意见》等。在利好政策和不断增加的经费投入的持续推动下，我国知识产权拥有量大幅增长，已经成为名副其实的知识产权大国。截至2023年底，我国发明专利有效量为499.1万件，其中，国内（不含港澳台）发明专利有效量为401.5万件，位居世界第一。然而，专利转化，特别是我国高校和科研机构的科技成果转化率仍有待提升。国家知识产权局数据显示，我国科研单位发明专利产业化率为13.3%，高校发明专利产业化率仅为3.9%。专利反映技术进步的情况和技术创新能力水平，专利产业化则是技术创新的根本目的，"专利沉睡"现象已经引起了广泛关注。

提升认知

一、创造是人类劳动的本质特征

人的劳动是有意识、有创造性的活动，是创造性劳动与机械性（重复）劳动的统一。在人类社会发展过程中涌现出许多创造性劳动，不同时期的创造性劳动有着不同的特点。早期的一般创造性劳动仅仅表现为劳动工具和生产方法的渐进式进步。自工业化以来，形成重大创新的创造性劳动则产生了重大的技术变革，成为推动工业化发展的重要动力源泉。当代飞速发展的创造性劳动，促进了科学理论的新突破，推动了一系列新原理、新学说的诞生和网络技术、信息技术、生物工程技术等一系列新技术的飞跃发展。

（一）创造性劳动的内涵与特征

一般认为，创造性劳动的内涵可以阐述为：在创造性思维的支配下，具有科学知识和科学技术的劳动者，通过创造发明来改变人类与自然的物质交换过程，打破生产要素组合的均衡态，形成新的劳动要素组合和新的劳动程序，使人类劳动在前所未有的程序上进行，从而加速人类物质财富和精神财富创造的生产活动。

创造性劳动的特征有：①新颖性，创造性劳动的产品（包括知识与技术）过去从来没有被公开使用过或者以其他方式为公众所知；②价值性，创造性劳动在创造价值上表现为"乘数效应"，与一般性劳动相比对产品价值的贡献要大得多；③风险性，创新意味着挑战和风险，创新与风险相伴而生，一切创新都是在战胜风险的过程中实现的。

（二）创造性劳动的价值

1. 创造性劳动是人类进化的决定因素

人的劳动是有意识的、有创造性的活动；动物的行为则是无意识的、条件反射的活动。这一根本区别，就决定了人有不断发展的前景，而动物则只有变化的可能。在漫长的历史时期人类在重复性劳动上所取得的创造性进步微乎其微，重复性劳动使制造工具的技艺代代相传，却没有多大改变。近代以来人类劳动向高级形态发展，最主要的标志是创造性劳动的数量和水平的增长。正是创造性劳动，构成了社会生产力进步的核心内容，并推动经济和社会关系的不断演变。

2. 创造性劳动是经济社会发展的主要动力

近代以来，创造性劳动的质和量显著增长，引发科技革命，促使社会分工迅速发展，又引起了社会经济生活的一系列变化。资本积累开始从货币资本积累向知识资本积累转变，科学技术的贡献率越来越高。在现代社会，有价值的创新发明，往往比货币资本更重要、更难得。我国提出建设创新型国家的战略，大力发展创造性劳动，推进科学技术发展和自主技术创新，就是要使我国经济竞争力，从以低成本、低收入的重复性劳动为主，尽快过渡到以高收益的创造性劳动为主，避免重蹈一些国家在经济高速增长后陷入停滞和衰退的覆辙。

3. 创造性劳动是个体发展的本质追求

从客观层面来看，劳动始终是人类生存的手段；但从主观层面上看，人们还应把它当作自己生活中不可或缺的一种活动。人类社会的发展必然走向以机器取代全部或大部分重复性劳动的阶段，使人类从繁重的、烦琐的体力劳动中解放出来。到那个时候劳动不再是谋生手段，而是具有创造性的劳动，是人们寻求幸福与自由的重要途径。

二、创造性劳动无处不在

创造力是人人皆有的一种潜在的自然属性，人人都具有待开发的创造潜力。我国教育家陶行知先生在《创造宣言》中曾说过："处处是创造之地，天天是创造之时，人人是创造之人。"这说明创造无处不在，每个人都有创造力。创造在劳动中也是无处不在的，日常生活中的劳动有创造，生产服务劳动中更有创造，创造是推动生产劳动进步的重要动力。

（一）日常生活中的创造性劳动

生活是创造之源。每个人在日常生活劳动中都会或多或少地、自觉

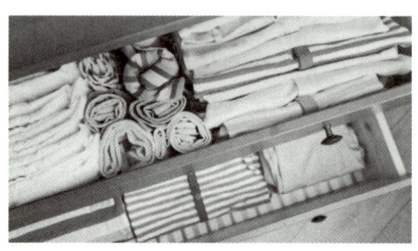
衣物叠放方法

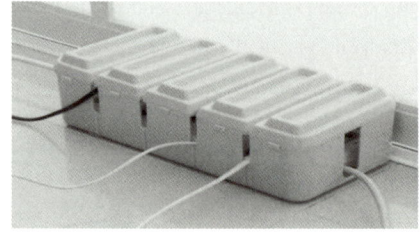
电源线的收纳

各式各样的收纳罐

不自觉地进行某种创造活动。日常生活中的创造性劳动最常见的表现是生活"小窍门"或者"小妙招",它们能高效解决日常生活中遇到的不便或烦恼,让日常生活更方便、更便捷、更科学。这样的"小妙招"通常涵盖衣、食、住、行等日常生活的方方面面。比如,针对家居空间中衣物、日常用品、厨房用品等物品摆放容易杂乱无序的困扰,衍生出许多家庭整理收纳的"小妙招"。其中包括衣物叠放方法并由此衍生出衣物收纳袋等创意产品;日常用品的整理创意产品,如电源线的收纳;食材的分类存放方法和相应的收纳罐创意产品等。

(二)生产劳动、服务性劳动中的创造性劳动

生产劳动、服务性劳动中蕴含着丰富的创造性劳动,正是劳动者在日常生产劳动、服务性劳动中的点滴创造,汇聚成促进产业发展和技术进步的重要推动力。生产劳动、服务性劳动中的创造通常是指采用新方法、新材料、新技术生产产品或提供服务,以达到保证质量、降低成本、保护环境、提高生产效率的目的。

基于创新、协调、绿色、开放、共享的新发展理念推进农业现代化是当前我国农业发展的主要目标。生产手段现代化、生产技术科学化、经营方式产业化、农业服务社会化等是现代农业的核心特征,而创造性劳动则成为现代农业生产的核心驱动力。在现代农业生产经营过程中,先进的生产工具靠人去创造,先进的科学技术靠人去摸索,先进的管理经验靠人去总结,先进的经营体制和运行机制靠人去运用。无论是增长方式的转变,还是生产绩效的提高,都是在人的主观能动作用下得以实现的。

> **小活动**
> 日常生活"小妙招"擂台赛。将同学们分为两组,一组为"甲方",提出日常生活中的"麻烦""不便";另一组为"乙方",针对"甲方"提出的难题,提出解决方案。

智能农业大棚

智能制造车间

我国的工业现代化整体水平有了长足的进步，但是与世界先进水平仍存在一定的差距。要实现工业现代化，就要在工业生产过程中不断实现机械化、自动化，采用新技术、新材料、新工艺和最新科学技术成果，推动产品创新和技术革新。围绕产品创新的创造性劳动主要表现为研究开发和生产出更好的满足顾客需要的产品，使其性能更好，外观更美，使用更便捷、更安全，总费用更低，包括产品功能创新、产品结构创新、产品外观改进等方面。围绕技术创新的创造性劳动则表现为工艺方法的革新、生产材料的替代和重组、工艺装备的革新和操作方法的革新等方面。

现代服务业伴随着信息技术和知识经济的发展而产生，是用现代化的新技术和新服务方式改造传统服务业，创造需求，引导消费，向社会提供高附加值、高层次、知识型的生产服务和生活服务的服务业。现代

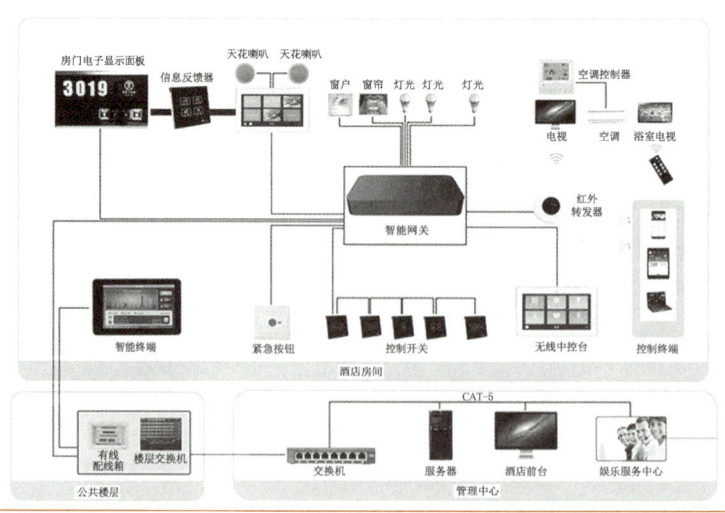

智慧酒店系统

服务业是通过服务功能换代和服务模式创新而产生的新的服务业态。服务业的创造性劳动表现为向用户提供不同于从前的崭新的服务模式，从而提升服务品质与用户满意度，包括服务理念的创新、营销方式的创新、服务技术的革新等方面。例如酒店行业的竞争将主要在智能化、个性化、信息化方面展开，智慧酒店悄然兴起，这对酒店从业人员的创造性劳动能力提出了新要求。

> **小活动**
> 请结合你的专业列举创造性劳动的具体案例。

（三）创造性劳动体现对"卓越创新"的精神追求

党的十九大报告中提出"建设知识型、技能型、创新型劳动者大军，弘扬劳模精神和工匠精神"。新时代"工匠精神"的基本内涵，主要包括爱岗敬业的职业精神、精益求精的品质精神、协作共进的团队精神和追求卓越的创新精神四个方面。

我国自古就有尊崇和弘扬工匠创新精神的优良传统，瓷器、丝绸、家具等精美手工业制品和许多庞大壮观的工程建造所体现的工艺水平及其在世界上长期处于领先地位都离不开劳动者精益求精、追求卓越创新的工匠精神。中华人民共和国成立以来，我们党带领人民在进行社会主义现代化建设的进程中，始终坚持弘扬工匠精神，无论是"两弹一星"、载人航天工程取得的辉煌成就，还是高铁、大飞机等的设计与制造，都离不开创新，离不开对工匠精神的继承与发扬。

加快建设制造强国，加快发展先进制造业，关键在于提高创新能力，而工匠精神是助推创新的重要动力。工匠精神不是因循守旧、拘泥一格的"匠气"，而是在坚守中追求突破、实现创新的"锐气"。把工匠精神融入生产制造的每一个环节，敬畏职业、追求完美，才有可能实现突破创新。我们要通过弘扬工匠精神，培养劳动者追求完美、勇于创新的精神，为实施创新驱动发展战略、推动产业转型升级奠定坚实基础，从而加快建设制造强国步伐，推动经济高质量发展。

> **小活动**
> 请观看中央电视台《大国工匠》纪录片第三集"大巧破难"，选择一位大国工匠，谈谈他是如何开展创造性劳动的。

三、创造性思维是创造性劳动的触发器

创造性思维是重新组织已有的经验，提出新的方案或程序，并创造出新的思维成果的思维方式，是开展创造性劳动的重要前提。创造性思维，是一种应用独特的、新颖的方式解决问题的思维活动，是人类思维

的高级表现形式，我们可以把它理解为一个相对独立的认识阶段，也可理解为融于整个意识过程之中的思维形式。

（一）创造性思维的特征

从心理学的视角看，创造性思维是大脑皮层不断地恢复联系和形成联系的过程，它是以感知、记忆、思考、联想、理解等能力为基础的心智活动。

从创造性思维的定义中可以发现，创造性思维具有独创性、新颖性、综合性等特点。①独创性是指在认识某一新事物、解决某一新问题时，前人、他人没有为我们提供现成的规律和方法，需要自己根据一般科学规律独立地发现新的具体规律，创造新的思路、办法、概念、形象、观点、理论。②新颖性是指思维的求异性，是与思维的求同性相对应的。③综合性主要包括两个方面：一方面指创造性思维是多种思维形态、多种思维方式、多种思维方法的综合利用，另一方面指创造性思维所特有的辩证综合能力。

好奇和兴趣是创造性思维的触发器。好奇是指人们对自己不了解的事物感觉新奇，是创造性思维的激活剂。好奇能增强人们对外界信息变化的感受度，激发思考，引起探索欲望，引发探究行为和创新活动，科学上的重大发现、发明和创造都是在人们强烈的好奇心驱使下产生的。兴趣是指人们探究某种事物或从事某项活动的积极心理倾向，是创造性思维发展的原动力。兴趣能激励人们兴致勃勃、坚持不懈地去思考或钻研，促使人们重新组织已有的经验，提出新的方案或程序，这样就有可能创造出新的思维成果。

（二）创造性思维的表现形式和方法

创造性思维表现为思维形式突破常规，从多个角度、多个侧面、多个方向看待和处理事物、问题的过程，具体表现为：多向思维、侧向思维、逆向思维、联想思维、形象思维、纵向思维、求异思维等。基于上述思维表现形式，亚历克斯·奥斯本出版《创造性想象》，提出奥斯本检核表法，针对研究对象特点列出有关问题，引导主体在创造过程中对照9个方面的问题进行思考，以便启迪思路、开拓思维想象的空间，促使新设想、新方案的产生。检核表法主要包括9大问题：有无其他用途、能否借用、能否改变、能否增加、能否减少、能否代用、能否互相替换、能否颠倒、能否组合。表格具体内容参见本章此刻行动1"提出创造性劳动的创意"。

想象是创造性思维的内核,是对头脑中已有表象进行加工、排列、组合从而建立起新表象的心理过程,具有形象组合性、时空跨越性和高度自由性的特点。想象包括有意想象(即有预定目的的、自觉的想象)和无意想象(即没有预定目的、不自觉的想象)。由此形成了创造性思维的两大想象法:联想法和灵感法。

1. 联想法

联想思维是创造性思维中最具活力的重要组成部分。生理学家贝弗里奇说过,独创性常常产生于发现两个或两个以上的对象或设想之间的联系或相似之处之后,而原来认为这些对象或设想之间彼此没有关系。联想是由一事物想到另一事物的心理过程,由于事物之间存在着不同的联系,所以联想也有不同的方式和类别。一般将联想分为因果联想、仿形联想、相似联想、相关联想、相反联想、对称联想、仿生联想等。下面重点介绍因果联想和仿形联想。

因果联想是指由一个事物的因果关系联想到另一事物的因果关系的联想。南极输油"冰管"的故事就是一次成功地运用因果联想法进行的创造性劳动。美国一个南极探险队首次在南极过冬时,打算把船上的汽油输送到基地,但准备的输油管长度不够。队长帕瑞格由南极无处不在的冰联想到了借助绷带、钢管和水制作冰制输油管道的思路,解决了输油管长度不够的难题。

仿形联想是对事物形状的联想。2018年国内某物流公司在世界人工智能大会上发布新款物流无人机——Manta Ray,它的外观设计取自深海里的魔鬼鱼,两翼翩翩,宛若风筝。其翼身设计提供了更大的载货空

魔鬼鱼

无人机:**Manta Ray**

间，能巧妙地将货物"收入腹中"，并极大地减少了飞行阻力，很好地适应了物流行业的特殊需求。

2. 灵感法

灵感思维，是指人长时间地思考某个问题而得不到解答，由于某种偶然的原因，突然间得到崭新的、正确的思维成果的思维过程。它是人类的一种基本思维形式，处于认识的感性阶段，是一种非理性思维。灵感思维的作用就是促使人们创造性地解决疑难问题，完成创造、创新、创作等最为艰巨的任务。灵感思维具有突发性、瞬息性、情感性等主要特征。灵感突如其来，飘忽而至，但它不是无源之水、无本之花，这样的思维火花，与平时长期的知识与经验积累密切相关，只有大量积累感性经验，才有可能出现理性质变。捕获灵感的过程可以概括为：积累、迷恋、松弛、触发。

某饮料公司的经典弧线瓶的灵感来自可可豆荚。1915 年该公司对玻璃装瓶厂广泛招标，希望能够找到一种"要和市场上其他饮料瓶相区分，在黑暗中仅凭触觉即能辨认，甚至摔碎在地也能一眼识别的瓶子"。最终，一家叫作 Root Glass Company 的公司胜出，他们从可可豆荚获得灵感，从而设计了这个瓶子。虽说灵感来自可可豆荚，但是后来更多的人觉得这个瓶子更像女士身上有曲线的紧身裙。以至于到了 1920 年代，这个弧线瓶又被称为"窄底裙瓶"。

> **小活动**
> 完成本章末"此刻行动"中的第 1 项"提出创造性劳动的创意"。

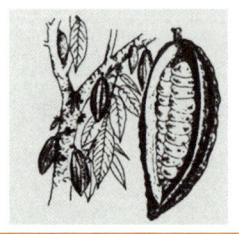

弧线瓶创意

四、科学地开展创造性劳动

（一）创造性劳动的过程

心理学家沃勒斯提出"创新四阶段"理论，将创新分为 4 个阶段：

准备期、酝酿期、明朗期和验证期。借鉴其思路，我们也可以将创造性劳动划分为4个阶段：问题提出阶段、思考探索阶段、形成方案阶段、实践验证阶段。

1. 问题提出阶段

创造性劳动是从发现问题、提出问题开始的。爱因斯坦认为"提出问题通常比解决问题更重要，因为提出问题需要有创新性的想象力"，有价值的问题的提出需要基于知识和经验的积累以及对问题价值的判断。

2. 思考探索阶段

在这个阶段，需要围绕问题开展创造性思考和反复尝试，需要多方思维反复碰撞，不断进行组合、交叉、选择、实验，以形成新的创意。

3. 形成方案阶段

在这个阶段，需要将解决问题的创意思路和想法记录下来，并根据尝试情况进行筛选，形成问题解决方案。这一阶段，灵感思维通常会发挥决定性作用。

4. 实践验证阶段

这一阶段需要将初步的解决方案付诸实践、论证，并进行完善，一方面进行实践检验，另一方面进行理论验证，进而保证创造性劳动成果的质量。

（二）创造性劳动的方法与策略

在进行创造性劳动的时候可以借鉴技术创新的一般方法，如转化、改造、移植、组合等。

1. 转化

转化是指根据已有的科学原理，进行技术发明和技术创新。这种技术创新方法主要是将已有的理论性的科学研究成果，转化为一定的技术原理或技术成果，将知识形态的东西转化实物形态的东西。其特点是具

小活动
完成本章末"此刻行动"2"创造性劳动实践"。

有明显的新颖性和创造性,常能开拓出新的技术手段和方法。

比如,吸尘器的发明者,从"吹"灰尘的反向角度——"吸"灰尘思考问题,运用真空负压原理,发明了电动吸尘器,让我们的日常劳动更方便、快捷。

2. 改造

改造是指在原有技术基础上进行技术革新、技术改造,特点是其基本技术原理不变,在已有技术原理的基础上对产品的样式、外形、特性和功能,进行技术革新和改造,以研制出形态好、功能多、效率高、成本低、使用方便的新产品、新方法、新工艺、新材料。

装配式建筑是指把传统建造方式中的大量现场作业工作转移到工厂进行,在工厂加工、制作好建筑用构件和配件(如楼板、墙板、楼梯、阳台等),并将其运输到建筑施工现场,通过可靠的连接方式在现场装配安装而成的建筑。装配式建筑主要包括预制装配式混凝土结构、钢结构、现代木结构建筑等,因为采用标准化设计、工厂化生产、装配化施工、信息化管理、智能化应用,所以这是现代工业化生产方式的代表。

装配式建筑

3. 移植

移植是指把某一事物的原理、结构、方法、材料等移植到新的载体,用以变革和创造新事物的创造技法。第二次世界大战以来,以电子计算机技术、微电子技术、通信技术、核技术、激光技术、新材料技术、空间技术、海洋技术等为主导的现代高技术群相继出现。这些高技术群不断向社会生活的各个领域渗透，并被借鉴和移植，使得社会整体技术水平取得了很大的进步和发展，从而把人类社会引入一个崭新的技术时代。

移植可以分为原理移植、结构移植、方法移植和材料移植。

原理移植是指将某种科学或技术原理移植到新的领域和载体上，例如微电子技术广泛应用于各个领域，从通信卫星、军事雷达、信息高速公路到程控电话、手机、GPS，从气象预报、遥感、遥测到有线电视、MP4、DVD，从医疗卫生、能源、交通到环境工程、自动化生产、日常生活，从而大大促进了原有领域的发展。

结构移植是指将某种事物的结构形式和结构特征向另一个事物移植，以产生新的事物的过程。比较典型的案例是将拉链结构移植到外科手术上，形成"外科拉链"技术。

面团发酵

方法移植是将某一领域的技术方法有意识地移植到另一领域中进行创造性运用，在技术创新中发挥着重要的启迪和催化剂作用。例如，发酵方法能使面团变得松软多孔，变成松软可口的面包。美国人将发酵方法移植到橡胶制品中，生产出海绵橡胶；德国人将发酵方法移植到塑料加工中，生产出泡沫塑料；日本人将其移植到水泥制品中，生产出发泡水泥制品；等等。

泡沫塑料

材料移植是指工业产品通过更换材料实现创新，以达到更新产品、改善性能、节约材料、降低成本等目的。例如，传统铅笔一般用木材加工制作而成，会消耗大量的资源，环保铅笔则通过材料移植实现了产品创新与能源节约。环保铅笔以废报纸取代木材为主要的原材料，对纸张进行木化处理后，使其具备低成本、不偏芯、易卷削、防火防水且低碳环保的明显优势。

环保铅笔

4. 组合

在当代科学技术发展到了一定高度的情况下，要想发明一个替代性技术是非常困难的。这时可以综合已有的各家或各种技术之长为我所用，从而开发出新产品，保持技术领先的优势，在激烈的市场竞争中立于不败之地。20世纪50年代后，日本看准了这一点，提出了"综合就是创造"的思想，并在这一思想的指导下进行技术创新，开发出了许多新产品，使其在很短的时间内在技术上取得了优势，实现了经济上的繁荣。

瑞士军刀

组合法就是将两种或两种以上的学说、技术、产品的一部分进行适当叠加和组合，从而形成新学说、新技术、新产品的创新思维方法。创新中的组合应满足两个条件：一是组合物是由不同的技术因素构成的具有统一结构与功能的整体；二是组合物应具有新颖性、独特性和价值性。常用的组合法有主体附加法、异物组合法、同类组合法、重组组合法等。

主体附加法又称内插式组合法，是在原有的技术手段上补充新内容、在原有的物质产品上增加新附件，从而使得新得到的物品性能更强的组合方法；异物组合是指通过组合将若干个事物的功能或特点汇集于一体，达到优化事物的目的，实现一物多能或一物多用的效果的组合方法；同类组合是两种或两种以上的相同或相近事物的组合，其特点是参与组合的对象和组合前相比，其基本性质和结构没有发生根本性的变化，是在保持事物原有功能或意义的前提下，通过数量的变化来弥补功能上的不足或得到新的功能；重组组合法是在事物的不同层次上分解原来的组合形式，然后再以新的思想重新组合起来，其特点是改变了事物各部分之间的关系。

瑞士军刀是主体附加法的典型案例，它是将许多工具组合在一个刀身上的折叠小刀，由于瑞士军方为士兵配备这类工具刀而得名。在刀具这一主体功能的基础上，附加圆珠笔、牙签、剪刀、平口刀、开罐器、螺丝刀、镊子等功能，后来还增加了激光、手电筒等新功能。

又如，智能车辆是一个集环境感知、规划决策、多等级辅助驾驶等功能于一体的综合系统，它集中运用了计算机、现代传感、信息融合、通信、人工智能及自动控制等技术，是典型的高新技术综合体。

智能汽车

第七章 创造性劳动

联系实际
★★★★★

包起帆曾是上海港务局白莲泾码头的一名普通装卸工。由于在港口货物装卸技术上取得重大突破，为提升港口货物装卸效率、最大程度降低装卸风险做出了巨大贡献，他先后被任命为龙吴港务公司经理、上海国际港务（集团）股份有限公司副总裁、华东师范大学国际航运物流研究院院长，多次荣获全国"五一"劳动奖章、全国劳动模范，并获得全国优秀共产党员、全国道德模范、"改革先锋"等荣誉称号，夺得第95届巴黎国际发明展览会4枚金奖、比利时王国"军官勋章"、世界工程组织联合会"阿西布·萨巴格优秀工程建设奖""发明者世界联合会特别奖"等国际重要奖项，被国际标准化组织任命主导集装箱电子标签国际标准的研制工作。而支撑包起帆由一名普通工人成长为国际知名发明家的，正是他对抓斗技术的深耕与创新。

20世纪，由于我国港口货物装卸技术相对较为落后，在大型货物装卸的过程中常发生严重的事故，仅1981年一年，包起帆就目睹了3名同事死于木材的装卸事故。这大大激发了包起帆改进技术、解决"木老虎"的问题的决心。初期，由于学历不高，技术水平欠佳，他对技术原理知识一知半解。为了能够取得技术突破，时值26岁的他发奋考进了上海业余工业大学，专攻起重运输机械专业。但是，克服"木老虎"的过程是艰辛的，货物装卸涉及基础力学、机械学、材料学等多个学科的知识，还要充分考虑装卸货物的重量、形状等多方面的因素。在设计方案的过程中，包起帆遇到了很多难题，一直没有设计出理想的卸载方案。有一天，他路过码头，看到了别的公司用抓斗卸载黄沙和石子。抓斗"一抓一合"的机械运动方式启发了包起帆，他认为木材的卸载也可以使用抓斗来进行。但是抓斗的方案在过去曾被尝试过，均告失败，彼时国外也没有类似的经验可以借鉴。在这种情况下，包起帆仍立志用抓斗的原理解决这一问题。历经数年的设计和实验，耗费了无数块纸板、查阅了无数份资料，最终，包起帆成功发明出"双索门机抓斗"。

然而包起帆并未止步于此，他根据圆珠笔芯"一伸一缩"的运动原理，将双索优化为单索，并先后发明了6种不同类型的木材抓斗；根据民间玩具"纸模老鼠"的启发，发明了"滑块式单索多瓣生铁抓斗"，填补了生铁装卸工具的空白……三十多年来，包起帆与同事们共同完成了130多项创新项目，被誉为"抓斗大王"。

包起帆的奋斗故事是对创造性劳动的最佳诠释。改变装卸技术落后状况的决心是激励包起帆奋力钻研的原动力。他在工作和生活中，处处留心捕捉技术创新的灵感，坚持学习并运用所学知识解决实际技术问题，经历反复多次的设计与实验，最终实现了重大的技术创新。持之以恒钻研、创新的经历，帮助包起帆从一名普通工人成长为国际知名发明家，也充分展现了劳动者敬畏职业、追求突破、实现创新的工匠精神。

此刻行动
★★★★★

1. 提出创造性劳动的创意

选择灯、汽车、台历，或你感兴趣的任何物品，使用检核表法，尝试进行一次创意，并记录你的创意思维过程。

创意物品描述：

提　　示	创意想法
在现在这个样子的基础上稍加改变，能有新的用途吗？	
能不能借用别的经验或发明？	

续　表

提　示	创意想法
能不能对它做一些改变？如改变运动形式、颜色、形状等。	
能不能增加一些东西？	
能不能减少一些东西？	
能不能采用代用的东西？	
能不能互相替换？	
能不能把某些东西颠倒过来？	
能不能进行组合？	

续 表

你的最终创意：

填写人：　　　　　　　　日期：　　　年　　　月　　　日

2. 创造性劳动实践

基于上述创意，尝试进行一次创造性劳动实践，并完整记录过程。

实践记录	
一、问题提出	
二、思考探索	
三、形成方案	

续 表

实践记录	
四、实践验证	

微课 创造性劳动（上）

微课 创造性劳动（下）

第八章
合作性劳动

> 学习目标：能自觉培养合作意识与合作精神，并能结合自身情况，灵活运用多种方法和策略开展合作性劳动。

测测自我
★★★★★

请仔细阅读下列问题，逐一回答"是"或"否"，并将答案标注在相应的位置。

序号	问题	是/否
1	你是否和家人一起合作烹饪过美食？	
2	你是否和室友一起合作布置过寝室？	
3	你是否和同学一起合作表演过节目？	
4	你是否和他人一起合作搬运过重物？	
5	你是否和他人一起合作种植过盆栽或树木？	
6	你是否和他人一起合作参与过志愿服务活动？	
7	你是否了解什么是合作性劳动？	
8	你是否理解合作性劳动的重要意义？	
9	你是否知道合作性劳动该如何开展？	
10	你是否了解开展合作性劳动的注意事项？	

以上问题，回答"是"越多越好，越能说明你有亲身实践，深刻体悟过合作性劳动。

人不仅需要独立地劳动，也需要合作劳动。合作性劳动广泛存在于生产生活之中，例如，农民合作收割一大片水稻，工人合作建造一幢高楼，音乐家合作演奏一首曲子。出于各种各样的原因，我们寻求与他人合作，一起完成复杂或困难的劳动，以实现劳动集体的共同目的和利益。如果没有合作性劳动，人类就不能构筑社会，无法获得自身发展，甚至无法生存。

第八章
合作性劳动

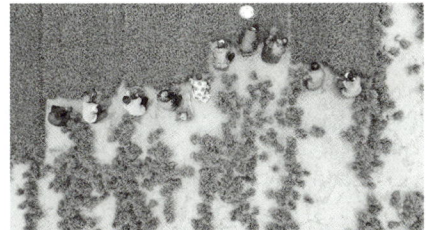

合作性劳动

你如何看待以下问题？你又是如何评价以下现象的？请结合你的实际经历进行思考。可以将你的观点与小组成员一起讨论，得出小组共同的观点。

现象评析
★★★★★

问　题	观　点
你认为合作劳动能为自己和合作者带来什么？	
在日常生活中，哪些活动需要合作性劳动？	

续表

问　　题	观　　点
你怎么理解合作意识与合作精神？它们在合作性劳动中发挥什么样的功能？	
你认为合作性劳动应当如何计划和实施？	
你觉得在合作性劳动过程中容易出现哪些问题？又应当如何避免和解决？	

现象一　2023年2月24日，中国载人航天工程三十年成就展在国家博物馆正式开展，面向社会公众全面系统地展示中国载人航天工程三十年的发展历程和建设成就。作为系统最复杂、科技最密集、创新最活跃的科技工程之一，载人航天涵盖近代力学、天文学、地球科学、航天医学、空间科学等众多科学领域，涉及系统工程、自动控制、计算机、航天动力、通信、遥感、新能源、新材料等诸多工程技术，是当之无愧的国家科技成果的"集大成者"。立项之初，工程有7大系统，到空

间站阶段增加至 14 大系统及上百个分系统，参与单位多达上千家，涉及数十万科研工作者。仅以航天员搜救为例，除工程相关参研参试单位外，还涉及外交、交通等领域的多个部门，各个战区和陆海空军，以及地方政府、医疗单位等，上万人参与其中。可以说，载人航天每一次重大突破，都是一场"大兵团作战"。

现象二 2023 年 8 月 4 日晚，济南市消防救援支队指挥中心接到报警：位于平阴县孔村镇 341 国道分水岭路口东约 1 千米处发生一起液化天然气罐车与半挂汽车碰撞后起火燃烧。在了解火灾发生的地点和情况后，指挥中心立即调派平阴县消防救援大队 3 个消防救援站共 45 人赶赴现场进行处置，同时指挥中心与泰安市消防救援支队及时联系，调派肥城市消防救援大队共 21 人进行增援，济南支队全勤指挥部迅速赶赴现场。12 分钟后，消防人员到达现场，经侦查发现：现场为一辆罐体容积为 50 吨的液化天然气罐车发生交通事故后发生起火，车头部位正处于猛烈燃烧状态，罐体温度急剧上升，如处置不当，随时有发生爆炸的危险。现场指挥部立即制订方案，侦查组开展侦检，查看是否有燃气泄漏问题；警戒组对现场实施警戒。根据现场情况，设立两个水枪阵地，一边对着火部位进行扑救，另一边阻隔火势蔓延。另设立一个泡沫枪阵地、一个水枪阵地，随时应对突发情况。同时，通信班现场实时传输灾情变化。与此同时，环绿化中心调配 4 台水车到达了救援现场，及时向消防车供水。奋战 6 个小时后现场化险为夷，无人员伤亡。

现象三 有人认为，参与合作性劳动是因为自己对这件事很重要，少了自己肯定干不成事。抱着这样自负的心态参与合作性劳动的人，容易漠视其他成员的努力和付出，不懂得欣赏他人的优点和特长。在劳动过程中，这类人往往严于律"人"，宽以待"己"，觉得其他人的付出就是应该的，干不好就得受指责，而自己干活是因为自己能力出众，做错了事情也不会承认。

现象四 在美好的校园生活里，同学们经常一起参与各种各样的合作性劳动，而在劳动实施过程中不乏不和谐的现象，最为常见的是团队成员意见不合而影响劳动结果。合作性劳动实施前需要制订计划，有时团队成员热情高涨，都积极发表自己的意见，热情地推荐自己的方案，结果大家你一嘴我一嘴，谁都说服不了谁，讨论了好久也没有决定下来；而有时大家都沉默不语，一些活计无人认领，一些同学抱着事不关己的态度推诿搪塞，可想而知最终草草收场。出现这些问题的原因是多方面的，这些不和谐的现象影响着劳动进程和共同目的的实现。

提升认知
★★★★★

一、合作性劳动是一种普遍而高效的劳动形式

合作性劳动是多人在生产生活中为达到共同利益和目的而合作进行的劳动。

合作性劳动能满足人类群体的需求。在生产、生活中有许多一个人无法独自进行的劳动，有些是因为个体的力量不够或能力不足，有些是因为劳动的内容较为复杂或技术含量高，有些则是因为群体合作能够提高效率或增加效益。正所谓"单丝不成线，独木不成林"，人们需要通过合作来汇集成员的力量、技能和智慧，以实现群体的共同目标。同时，合作性劳动能够带来超越个体的劳动力量，能够产生"1+1＞2"的劳动效果，加快速度又能提高质量，由此增加劳动效益，创造更大的劳动价值，带来多方共赢的局面。高效率、高质量、高收益的现代生产流水线，将商品制造过程分解为一道道的工序，按规定的顺序和一定的时间安排每道工序，由技术娴熟的工人专门负责每道工序的生产制造，大大提升了劳动效率。

合作性劳动能满足人际情感的需求。马斯洛的需要层次理论中的第三层次是社交需求，就是情感和归属的需求。人是群居性的动物，渴望获得美好的感情。在合作性劳动中，人与人之间发生社交联系，进而获得不同

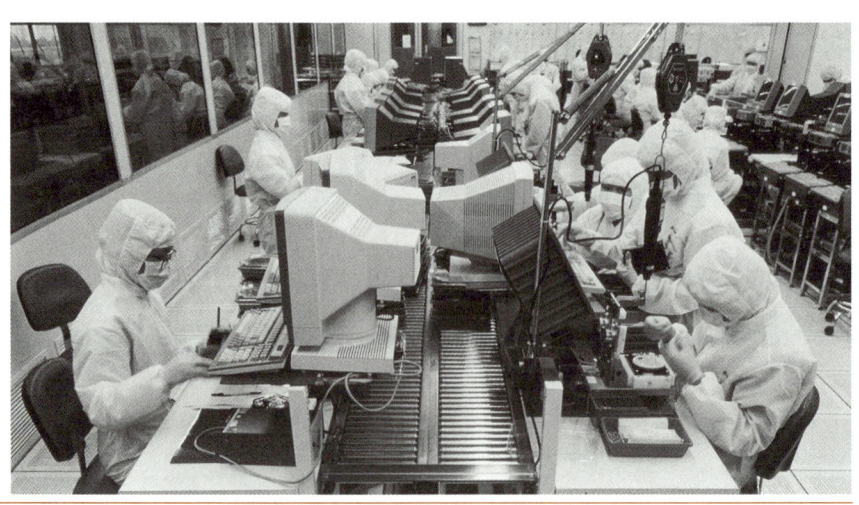

生产流水线

体验的个人情感。例如，与家人合作劳动，能够增加家庭成员之间的亲密感，促进家庭关系和谐；与朋辈合作劳动，能够建立美好的友情，获得深厚的友谊；与他人共同劳动解决困难问题，能够获得需要感和集体感。

合作性劳动能满足自我发展的需求。在知识上，合作性劳动能够为成员创造相互学习、取长补短的机会，个体能从他人身上习得知识；在能力上，合作性劳动需要周密计划、合理组织、充分沟通，以避免分工不明、摩擦争吵等问题影响劳动进程，从而锻炼个体的沟通交流能力、组织计划能力、团队领导能力等；在价值上，合作性劳动能充分发挥个体的体力和智力，创造出财富和价值，同时满足自身需要、他人需要和社会需要，由此实现个人价值。

二、合作性劳动需要有序、稳定、和谐地开展

合作性劳动不仅能满足人类群体的需求、人际情感的需求、自我发展的需求，而且能够在很大程度上提升劳动效益，创造出"1+1 > 2"的价值。同时，合作性劳动还能促使人们培养劳动意识，增长劳动知识，提升劳动技能。合作性劳动是劳动的重要形式之一，在日常的劳动中，我们应该有序、稳定、和谐地开展合作性劳动。以下就是一个合作劳动的案例。

五一劳动节期间，为了弘扬劳动精神，创造良好的劳动氛围，学校将举行"最美寝室"评比大赛。"最美寝室"最基本的要求是干净整洁，其次是应体现"积极上进、和谐温暖"的文化氛围。这也就意味着，参赛的寝室需要寝室全体同学进行集体大扫除，以及一起动脑动手布置寝室。看到"最美寝室"评比大赛宣传的海报，小林对此非常感兴趣，她觉得这项比赛既能够加深室友间的友谊，同时也能借此契机营造良好的寝室环境。回到宿舍后，她先询问了解室友小张的意愿，发现小张对这项比赛也有兴趣，于是她主动邀请小张加入比赛，而后又说服了另外两位室友小杨、小李。最后，室友们在本次比赛目标上达成了一致，认为布置寝室环境不仅仅是为了拿下好名次，更重要的是为了营造干净整洁的寝室环境，打造有文化、有内涵的寝室氛围。

大家信心满满地开始协商打扫和布置寝室的计划。大家自由讨论，纷纷表述自己的想法。最终选举了善于筹划活动的小林担任本次比赛的

干净整洁的寝室

队长,负责统筹整个活动;有一定美术基础的小张主要负责设计寝室展览角、宿舍标语等;爱干净整洁的小杨负责摆放公共用品和最后的卫生检查;有演讲基础的小李则负责寝室评比的解说。为了有序推进各项工作,小林和大家一起制定了分工表,规定了每个人需要完成的工作,还制定了工作的推进表,规定了每个阶段需要完成的工作内容。在布置寝室的过程中,每个人都认真负责,当遇到问题时大家都会齐心协力想办法,利用集体智慧解决问题。

"最美寝室"评比如约而至,小林所在的寝室因环境和氛围好获得了评委们的好评,并获得了非常好的名次。室友们也通过这次和谐融洽的合作更加了解了彼此。

通过上述案例,我们可以深刻理解到"二人同心,其利断金"的含义,同时也能看出积极主动地和同伴建立和谐的合作关系是开展合作性劳动的第一步,而有序、稳定、和谐地开展合作性劳动才能取得共同的胜利。小林所在的寝室之所以能够获得好结果,是因为大家都为了共同的目标,发挥各自所长,自觉承担相应的工作,有序推进整个活动,这是仅凭个人能力和努力无法达到的。因此,合作性劳动能够更好地提升劳动的效率和质量。在开展合作性劳动时应注意建立和培养合作性劳动关系,制订好合作性劳动规则和计划,并严格执行。

(一)建立合作性劳动关系

建立合作性劳动关系是开展合作性劳动的前提。进行比较繁重、无法独自完成的生产劳动时，可以寻求合作伙伴，并表明合作意向。应该如前述案例中的小林主动邀请室友们一起参加比赛一样"主动出击"，而不是害怕拒绝，打退堂鼓。案例中，四位同学之间的交流和谐、自由，能够考虑到每个人的优势并合理地分工，最终取得了合作性劳动的成功。因此，在建立合作关系时应持各方平等的态度，将合作关系保持在稳定而又相对平衡的位置。合作性劳动的关键目的在于实现共赢，在合作前指明合作目标及双方所得利益，可提升双方进行合作劳动的热情。

（二）制订合作性劳动规则和计划

制订合作性劳动规则和计划能够规范合作团队的行动，推动合作性劳动有序开展。首先，在制订合作规则和计划时，各方应持有平等的话语权，要顾全大局，把握好各方利益平衡点；其次，制订的规则和计划应具备一定的长远性，不仅仅局限于当前，还可以根据后续的情况进行动态调整，以制订具有更大合作效益的规则和计划。在前述案例中，四位同学合作的目的不仅仅是取得当前比赛的名次，最重要的是营造良好的寝室环境和氛围。大家还一起制定了分工表和工作推进表，保障了团队工作的有序开展，同时也能让每个人更加明晰自己的任务。

（三）执行合作性劳动规则和计划

劳动规则和计划可以保证整个团队的生产劳动有序进行。在前述案例中，每个人都自觉遵守劳动规则、执行劳动计划、完成分内的劳动任务，在布置寝室的过程中大家认真负责，积极遵守团队的契约，遇到问题时会利用集体智慧解决。这是一个积极上进、和谐融洽的团队。假若四位同学制定分工表和推进表之后，都不把它当回事，也不管自己的工作，那么最后也不会达成最初制定的目标，相互之间也会渐渐缺乏信任和交流。因此，我们在执行计划的过程中不仅要做好分内的任务，学会团队配合，同时也要主动挑大梁，主动与其他成员进行良好的沟通。

以上是开展合作性劳动的"三部曲"，积极主动建立合作关系是开展合作性劳动的第一步，而制订规则和计划是保障有序、稳定展开劳动的关键，只有大家都能遵守团队的制度，做好分内工作，团队才能真正持续稳定运行。

三、合作意识和合作精神是高效合作的基础

在合作性劳动中,合作意识与合作精神是合作能力的基础,也是团队高效完成劳动任务的助推器。合作意识与合作精神源于团队成员自觉的内心动力和已达成共识的价值观。团队成员只有拥有强烈的合作意识与合作精神,和其他成员互帮互助、共享信息与成果,才会真正快乐地投入劳动,实现最大的双赢。

(一)认识合作的重要性

认识到合作的重要性是培养合作意识和合作精神的前提,只有正确认识了合作的重要性,才会主动踏出合作的第一步。在合作性劳动中,你不是孤立无援的个人。团队中的成员是帮助你顺利完成劳动任务的力量,合作是促进双方共赢的手段。在合作过程中,只有懂得取长补短,懂得与他人沟通,懂得先人后己,才能分享他人的信息,获得反馈。合作是实现双赢的钥匙,学会合作能使自己更加高效地完成劳动任务。

(二)学会换位思考,尊重和欣赏他人

合作性劳动不能一味地肯定自己,还需要学会换位思考、尊重他人和欣赏他人。①在合作之中,每一个人都是独特的,他们的利益诉求、思考方式、行为习惯都各不相同。因此,我们需要换位思考,站在他人的角度感受合作,这样才能明白自己的观点并不一定是正确的,才能真正理解他人的所作所为。②团队成员的任务量各不相同是十分常见的,计较任务量的多少是没有任何意义的,我们需要肯定他人付出的努力和汗水,尊重他人的劳动成果,因为尊重他人就是尊重自己。③人总是有一种渴望被人欣赏的愿望。真诚地欣赏他人能使其获得存在感,产生愉悦感,充满自信心。因此,在合作中,我们不妨试着欣赏他人,那么他人就会在劳动中倾注更多精力,表现得更加出色,从而使合作更为和谐、默契。

(三)学会分享

萧伯纳曾说:"你有一个苹果,我有一个苹果,彼此交换一下,我

们仍然各有一个苹果；但你有一种思想，我有一种思想，彼此交换，我们就都有了两种思想，甚至更多。"分享是人们与社会产生联系的一种方式，本质上是一种互利行为，在互利中选择、巩固和发展彼此的社会关系。因此，在合作性劳动中同伴之间互相分享能够促进彼此之间的沟通与交流，也能推动彼此共同进步。分享是合作关系的助推器，学会分享是培养合作意识与合作精神的重要内容。

四、合作性劳动需要掌握技巧与方法

（一）分工协作的策略

为了达成合作性劳动的目标，我们需要将整个劳动项目合理分解为若干劳动任务，由团队成员分别承担各项任务并完成相应工作。在分工时，我们应当对自己和他人有客观的认识，根据每个人的特点布置合适的劳动任务。尺有所短，寸有所长，并不完美的我们可以通过取长补短、合理分工、相互协作来争取完美的结果。团队成员各司其职、各尽其力，就会顺利高效地朝着目标推进。设想一下，如果一个人没有完成他的任务，那么他不仅会拖累合作团队，影响整体进度，还有可能导致整个劳动任务无法完成。

首先，试着审视自己，认识他人。我们需要明确自己具备什么样的劳动能力，适合完成哪些劳动任务，不要一味地否定自己，也不能高看自己，要尽量作出客观合理的评价。与此同时，我们也要努力发现他人的长项，不贬低他人的能力，或许他人比自己更为适合这项劳动任务。在共同目的之下，在合作团队面前，我们自己与他人无所谓高下，没有谁更为优秀，只有谁更为适合。

其次，合理匹配成员与任务。关于劳动分工，一方面要考虑团队成员的特点，另一方面要考虑劳动任务的特点，然后进行两相比较，挑选出最为合适的成员承担该项劳动任务。值得注意的是，有时候我们没法完全匹配，总有成员需要负责一些并非最适合自己的任务。此时，我们关注的是团队整体利益，从合作性劳动大局出发作出尽可能合理的安排。完成匹配之后，我们需要了解工作要求，明确职责范围，摆正心态，充分发挥自己的作用。

最后，扮演好合作中的角色。在合作性劳动中会出现特点鲜明的角色，这些角色促进了成员间的协作，推动了劳动进程。例如，领导者角色是团队的负责人或管理人，负责统筹协调各项工作，能调动人力、物力，能解决突发状况和成员矛盾，他具有组织有力、沉着冷静、公正客观等特点，深受成员信赖。实干者角色一般是任务的具体完成人，负责按照分工和计划完成相应的任务，能服从安排，具有严谨仔细、务实可靠、注重成效等特点。智多星角色一般是策划人或推进者，负责为方案策划提供多种可行性思路，为问题处理提供一些建设性意见，能顺利推进方案策划和任务实施，他富有想象力和创造力，具有肯动脑筋、思维活跃、个性鲜明等特点。审议员角色一般是任务的监督人或检查人，负责督促成员保时、保质、保量地完成各自的任务，能及时指出合作中的问题和不足，他具有清醒理智、一丝不苟、追求完美等特点。

合作性劳动中的角色及特点

角色	特点
领导者	组织有力、沉着冷静、公正客观……
实干者	严谨仔细、务实可靠、注重成效……
智多星	肯动脑筋、思维活跃、个性鲜明……
审议员	清醒理智、一丝不苟、追求完美……

小活动
除了上述角色，你还知道合作性劳动中其他极具特点的角色吗？可以尝试填写右表。

（二）沟通交流的策略

参与合作性劳动的每个成员都是独特的，对于同一个问题会产生不同的看法，如果成员之间无法达成一致，那么就会引发矛盾甚至争吵。这种情况对于合作性劳动来说是极具危害的，说明团队成员在沟通交流上出现了问题。为此，我们可以参考著名的"六顶思考帽"来解决这一问题。利用这些"帽子"，每位成员可以充分表达自己的意见，使混乱的思路变得清晰，使无意义的争吵变为有价值的讨论。这些"帽子"是什么样子的呢？我们一起来看看。

六顶帽子分别是白帽、红帽、黑帽、黄帽、绿帽、蓝帽，每种颜色的帽子代表不同的思考和讨论的规则，为团队成员提供了沟通协商的框架。

白色帽子　　　红色帽子　　　黑色帽子

六顶帽子

黄色帽子　　　绿色帽子　　　蓝色帽子

六顶帽子

　　白帽：白色是纯洁的、理性的，代表中立和客观，成员需要陈述问题和事实。白帽关注的是资料与信息，例如制作蛋糕需要什么原料、使用什么工具等。当你戴上白帽的时候，你必须持中立和客观的态度，不受感情、直觉等主观因素影响。

　　红帽：红色是热情的、激烈的，代表感觉和情绪，成员可以表达自己的直觉、感受等。当你戴上红帽的时候，你不需要任何解释或证明，你可以表达"我喜欢这个摆盘""我预感这个计划行不通"。但红帽不可以过度使用，以避免争辩。

　　黑帽：黑色是阴暗的、负面的，代表逻辑与批判，成员可以合乎逻辑地质疑、批判、否定。当你戴上黑帽的时候，你可以对事物的负面进行逻辑判断，例如"我认为这个数据是错误的""这样使用锯子的话会受伤"。

　　黄帽：黄色是积极的、阳光的，代表乐观与肯定，成员可以发表具有希望的、正面的想法。当你戴上黄帽的时候，你可以寻找事物的闪光点，例如"这样合唱气势会比较强""这样做的话大家都能学到些东西"。黄帽为交流协商带来可行的建议。

　　绿帽：绿色是充满生机的，代表创新与冒险，成员可以提出新的具有创造性的想法。当你戴上绿帽的时候，你可以随心所欲地想象，不需要期待任何结果，例如"我们可以把鱼画在天空中"。绿帽创造了新的点子，为交流协商带来新的可能的方向。

　　蓝帽：蓝色是冷静的、平和的，代表控制与组织，成员需要规划、管理沟通协商的过程。当你戴上蓝帽的时候，可以探讨需要达成的目标、总结目前的讨论结果、提出接下来的步骤等，例如"目前我们可以先整理资料""接下来我们需要做什么"。

在合作性劳动的沟通协商中,可以任意使用"六顶帽子",但也不能过度使用。团队成员意见不统一或者问题比较复杂时,我们不妨用这些帽子试试。你可以和身边的一位同学利用"六顶帽子"来讨论讨论。

小活动

假如你和身边的好朋友约定,一起来你家包饺子。但是,两人对于包什么馅的饺子有不同的看法。于是,两人戴上了不同颜色的帽子进行讨论,请试着填写右表。

利用"六顶帽子"沟通交流

戴上的帽子	交流的内容	最终的结果
白 帽		
红 帽		
黑 帽		
黄 帽		
绿 帽		
蓝 帽		

合作包饺子

（三）领导与管理的策略

不同于独立性劳动的单打独斗，合作性劳动需要领头雁指引方向，以确保合作团队不会迷失路途。根据实际情况，我们可以选择成为团队的管理者，或者是被管理的一员。

头雁与雁群

1. 树立团队标杆

在合作团队中，管理者无疑是一面旗帜、一面镜子、一个标杆。团队成员始终关注着管理者的一举一动、一言一行，反过来管理者的言行举止也会潜移默化地影响着每一位成员。试想管理者如果出言不逊、行为恶劣，团队成员怎会给予信任、抱以希望、接受安排呢？因此，想要领导和管理好团队，管理者必须树立标杆，以身作则，发挥榜样作用。在劳动过程中，管理者要投入饱满的热情，付出加倍的努力，带头高效完成任务，从而使团队成员心服口服、积极看齐，让他们也能高效完成任务。在这一过程中，管理者不仅能锻炼办事能力，还能提升领导能力。

2. 做好劳动规划

确定合作目标、制订劳动规划是团队管理者的主要任务。为了实现团队的共同利益和目的，管理者需要仔细倾听各方的诉求，充分考虑各种因素，正确认识利害关系，并在此基础上制订明确、翔实、合理的劳动规划。同时，管理者还需要引导团队成员参与目标确定、规划制订以及劳动实施的全过程。对此，管理者要发挥引领团队的作用，需要具备一定的远见卓识和大局观念，做好倾听、思考、解释工作，展现积极、担当、奋进的风貌，点燃每一位成员的劳动热情，使得全体成员朝着目标顺利进发。

3. 营造和谐环境

团队管理者除了要激发每位成员的劳动热情，还要创设机会与成长并存的和谐环境。在这种环境下，成员能够全心投入劳动，积极挑战困难，充分发挥才能。因此，管理者在了解成员特点和建立互信基础之上，可以为成员提供锻炼和试错的良好机会，搭建公平、适宜的竞争平台，还可以采取一些激励或惩罚措施，例如：口头赞美、物质奖励、恰到好处的批评等。管理者要能够综合运用各种方式营造和谐的环境，提升成员的积极性、主动性和创造性，使团队充满生机与活力。

2023年，已进入成果爆发期的FAST项目公布了多个重要成果，发现了轨道周期最短的脉冲星双星系统，获得了纳赫兹引力波的关键证据，观测到了微类星体中的低频射电准周期振荡现象。截至2024年4月17日，FAST已累计发现超过900颗新脉冲星，其中有120余颗双星脉冲星、170余颗毫秒脉冲星、80颗暗弱的偶发脉冲星，成为中低频射电天文领域当之无愧的观天利器。

1993年，国际无线电科学联盟会议提出建设新一代的巨型射电望远镜，助力探索宇宙的前沿科学的发展。中国天文学家南仁东由此提出建造中国大型射电望远镜。

2011年，在贵州的大山深处，一群中国工匠正在绞尽脑汁地思考，他们要造出一面世界上最大的"镜子"。周永和是中船重工武船集团的起重工，有18年的从业经历，曾经参与过诸多国家重点工程。他和他的团队将迎来一场超乎想象的拼板挑战——精确拼接起40万块反射面板，组合起一个真正的世界级工程。

2011年3月，中国超大射电望远镜（简称FAST）建设项目在贵州省平塘县的喀斯特天坑岭正式动工。工程目的是建造新一代超大射电望远镜，力求尽可能多地获取宇宙射电信号。当时全世界已建成的最大射电望远镜是美国的阿雷西博射电望远镜，其单口直径为305米，由近4万块穿孔铝质反射面板拼接而成。而中国的FAST射电望远镜的主体部分是一个口径500米的球面反射镜，依托巨大的索网结构，总面积达25万平方米，相当于30个足球场的大小。可是留给周永和团队的拼接时间不到一年。

周永和与他的团队的主要任务是保证每一块面板顺利、准确、安全地安装到位。但是这个世界级的大镜子的面板形状不一、种类繁多、数量也多，什么样的整体吊装模式才能够完成这项工作？

经过周永和与同事们的反复讨论和实验，一个"圆规模式"的

联系实际
★★★★★

中国超大射电望远镜建设项目

吊装方案逐渐成形。周永和与同事们先把40多万块小反射面板组装成规格不一的4 000多块大反射面板。面板的安装不能有一丝的磕碰，而且面板之间的吻合误差不能超过2毫米。这就要求整个团队细致严谨、完美默契地配合。周永和作为总指导，负责安装方案的设计并不断根据实际情况改进方案，还亲自到实地勘察情况并指挥安装工作。而团队的成员们分成若干工作小组，分别负责相应的工作。一部分成员负责把面板一个个起吊在数十米高空中并运送数百米，另一部分成员在下面指挥协调下落位置，还有一部分成员则在下落位置负责安装。

历时270多天，90%的反射面板安装完毕了，但是对于球面中心位置的吊装又成了新的难题。由于圆心的支撑点必须拆除，已经无法使用"圆规模式"安装。团队经过集体讨论和协商，最终改成全跨境的安装模式，即需要在500米的球面上牵引一条全跨境钢缆，利用钢缆的自然下垂，让反射面板顺序而下达到指定位置。这对安装团队的操作精度的要求更为苛刻，因为如果出现失误，钢缆上吊着的面板就会与已经安装完的球面镜产生剧烈碰撞，导致前功尽弃。由于在上方吊运的工作人员的视线会受到阻碍，距离圆心的位置很远，无法看清下落位置，因此整个团队之间需要反反复复沟通交流，确保精准下落在指定位置。

2016年7月份，位于中国贵州省平塘县大窝凼洼地的世界最大单口径射电望远镜FAST完成了最后一块反射面板吊装，历时11个月的主体工程正式完工。周永和与他的团队完成了世界射电天文科技领域的巅峰之作。而这台具有自主知识产权，目前世界最大、最灵敏的单口径射电望远镜，不仅为我国天文学跻身世界一流创造了条件，更让中国科学家进入了人类天体观测的第一梯队。

此刻行动
★★★★★

1. 制订计划

选择一项劳动任务，比如售卖二手物品，邀请同学、朋友或家人一起完成该项任务。在行动之前，和团队成员一起确定劳动目标，根据团队中的个人优势协商团队的分工，并把行动计划填入下表。

第八章 合作性劳动

劳动内容：..

涉及的他人：..

劳动目标	
团队成员的 个人优势	
团队成员的分工	
团队规则	
预计成效	

填写人：_____ 日期：____年____月____日

2. 一起行动

根据以上行动计划,和你的同伴一起完成劳动任务,在劳动过程中体验与同伴交流、配合的过程。完成劳动之后,反思整个劳动的成效以及个人价值在劳动过程中是如何体现的,同时反思自己的劳动知识与技能、合作意识、沟通能力、团队管理能力、人际关系有什么变化。请你客观评价整个劳动的相关情况,并思考针对不足之处如何改进。把你的反思填入下表。

评价项目	客观评价	改进办法
本次劳动的成效		
个人价值体现		
合作意识		
沟通能力		

续　表

评价项目	客观评价	改进办法
团队管理能力		
人际关系		
其他		

微课　合作性劳动（上）

微课　合作性劳动（下）

第九章
劳动安全与环境保护

> 学习目标：能够结合实例，理解劳动安全和环境保护的基本含义，增强劳动安全与环境保护意识。

测测自我

请仔细阅读下列问题，逐一回答"是"或"否"，并将答案标注在相应的位置。

序号	问　　题	是/否
1	你是否听说过身边有人在生产劳动中出现了危及人身安全的事故？	
2	你是否认为，作为学生，劳动安全和劳动保护与自己密切相关？	
3	你是否认为自己具备必要的劳动安全常识？	
4	你是否能列举出个人防护用品的种类？	
5	你是否能列举我国关于公民劳动权利的法律规定？	
6	你是否认可遵守安全规程和劳动纪律是劳动者应尽的义务和责任？	
7	你是否了解环境问题的种类？	
8	你是否关注过新闻媒体中关于环境和环境污染事件的报道？	
9	你是否了解垃圾分类的规定？	
10	你是否参加过保护环境的公益性活动？	

以上问题，除了第1题，回答"是"越多越好。

劳动可以创造财富，通过劳动可以实现自己的价值，但劳动过程中的安全问题也会给个体带来人身伤害，造成环境污染等社会问题。随着我国工业化进程和经济的快速发展，劳动方式逐渐多样化，会带来越来越多的劳动安全问题，工业发展的负面影响也会造成环境污染问题。我国《中华人民共和国劳动法》(以下简称《劳动法》)、《中华人民共和国未成年人保护法》《中华人民共和国环境保护法》等法律对劳动安全卫生和环境保护都有具体规定。劳动安全是保护劳动者安全健康、保证国民经济持续发展的基本条件，广大青少年是社会主义事业的未来建设者，应该在学习期间习得劳动安全知识，养成安全意识，为以后走上工作岗位做好准备。提高对劳动安全卫生和环境保护问题的认知，树立劳动安全和环境保护的意识，是劳动能力的有机组成部分，也是每一个公民应承担的社会责任。

现象评析
★★★★★

安全生产事关人民福祉。近年来，我国煤矿安全生产事故频繁发生，引发社会的广泛关注和深思。这些煤矿安全事故暴露出哪些深层次的问题？对我们有什么教训？企业生产活动追求经济利益，发展国民经济是否应该成为劳动不安全和环境污染的理由？对于延长法定工作时间的"996"工作制，造成青壮年劳动者"过劳死"的问题，你怎么看？在学校组织的社会实践、企业见习和顶岗实习中该如何做好安全防护措施？作为"地球村"的一员，我们能为保护和改善生态环境做点什么？

请自己思考，也可以与小组成员一起讨论，得出小组共同的观点。

问　　题	观　　点
近年来，我国煤矿安全事故频发，暴露出哪些深层次问题？对我们有什么教训？	
你知道"996"工作制是什么吗？如何看待"996"现象？	

续表

问　　题	观　　点
参加学校组织的企业实习等活动，为避免自身的权益受到伤害，应该做好哪些准备？	
作为地球"公民"，我们能为保护和改善自己的生存环境做些什么？	

现象一　2023年，全国接连发生多起煤矿安全事故，其中内蒙古、陕西、贵州等地接连发生3起较大的煤矿事故。从这些煤矿安全事故发生的原因来看，除去井下地质条件、企业安全管理不到位等原因外，煤矿职工和管理人员违章作业、违章指挥、违反劳动纪律等"三违"原因也很突出。煤矿生产安全事件的频发，严重危害了社会正常的生产、生活秩序，在给国家造成重大物质损失的同时，也严重侵害、威胁广大劳动者的生命、健康和利益。

现象二　近年来，我国30到50岁的青壮年由于长时间加班工作导致过度疲劳而猝然死亡的"过劳死"现象日益突出。有专家呼吁：某些行业的"996"工作制所引发的加班问题存在违法性，事关劳动权利与义务的配置问题，劳动法需要一场"启蒙运动"，需要建立普通劳动者对劳动权益保护的观念。

现象三　2021年12月31日，教育部等八部门印发了新修订的《职业学校学生实习管理规定》，进一步明确了学生实习的行为准则，为实习管理划定了"红线"。2022年5月1日，新修订的《中华人民共和国职业教育法》正式实施，该法第五十条针对职业学校学生实习实训对接纳实习的单位及职业学校提出了明确要求。目前，岗位实习在我国职业院校人才培养中得到了广泛应用，但相伴而生的学生岗位实习人身损害却成为职业教育岗位实习发展中的绊脚石。如发生实习生连续直播五天后猝死的新闻成为社会关注和探讨的话题。从调查的情况来看，职业院校学生实习事故频发主要是由实习组织管理和现场安全管理欠缺、学生自身风险意识薄弱和风险防范能力不足、外部安全环境不佳等因素造成的。

现象四 近年来，地球生态环境不断恶化，环境污染问题越来越严重，给人类社会和人们的健康造成了极大的危害，保护环境已成为全人类共同关注的问题。森林面积减少、沙漠面积增大，天空昏暗、空气污浊、污水横流、垃圾围城，连远在冰天雪地的南极企鹅体内也发现DDT等农药残余，蓝天碧水已经成为许多人儿时的记忆和遥不可及的梦想。全球变暖、冰川融化、海平面上升、洪水泛滥，一连串的自然灾害现象正在相继出现。

一、劳动安全和劳动保护的基本内容

提升认知
★★★★★

劳动安全是指劳动者在生产劳动过程中的安全和健康没有受到威胁，不存在危险、危害的隐患，是免除了不可接受的损害风险的状态。全面完整地理解劳动安全的含义，不仅需要从保障劳动安全的多重主体立场去理解，还要了解劳动安全问题产生的原因。从不同主体来看，劳动安全保护是劳动者依法获得的基本劳动权利之一，在生产劳动过程中劳动者有权要求用人单位提供安全卫生的劳动条件，以保护自身的生命和健康；加强劳动保护，实现安全生产，保护劳动者生命和身体健康是用人单位应尽的法律义务；国家可以通过制定一系列劳动保护的法律和法规制度，督促用人单位履行法律责任，保障劳动者的劳动安全。

在实际的生产劳动过程中，劳动安全问题往往是多种因素综合作用的结果，需要综合治理。

从造成劳动安全问题的原因看，既有由于劳动者个人缺乏安全知识和安全意识从而操作失误等人为因素造成的安全事故，也有因生产环境和安全条件存在安全漏洞而出现的生产事故，还有人为因素和物的因素共同造成的事故。我们还可以将可能发生的劳动安全问题，按生产劳动岗位性质的不同，区分为以下几类：①在矿井中可能发生的瓦斯爆炸、火灾、水灾等；②在机械加工过程中可能发生的绞碾、电击伤；③在建筑施工过程中可能发生的高空坠落、物体打击；④在交通运输过程中可能发生的车辆伤害事故；⑤在有毒有害作业过程中可能发生的职业病害等。

除了上述因生产劳动的直接因素导致的劳动安全问题，广义的劳动安全问题还包括由间接因素导致的安全问题，如劳动者工作时间太长会造成过度疲劳、积劳成疾；女工从事过于繁重的或有害妇女生理卫生的劳动也会对女性劳动者的身体造成危害等。

由此可见，保障劳动安全不仅指在生产劳动过程中要防止中毒、车祸、触电、塌陷、爆炸、火灾、坠落、机械外伤等危及劳动者人身安全的事故发生，还要防止由不当的工作时间和工作强度造成的健康问题的产生。因此，为保障劳动者的劳动安全与卫生，不仅需要国家制定相关劳动保护的法律法规，对用人单位的生产安全进行严格管理，还需要劳动者个人掌握必要的劳动安全知识，自觉遵守生产劳动安全规范，养成劳动安全意识，做好个人安全保护。

劳动安全与卫生保护，又称劳动保护，是指以保障劳动者在生产劳动过程中的安全与健康为目的的工作领域及在法律、技术、设备、组织制度、教育等方面所采取的相应措施。为保护劳动者在生产劳动过程中的安全和健康，消除不安全、不卫生因素所采取的各种组织和技术的措施，都属于劳动保护范畴。简言之，劳动保护就是保护劳动者在劳动生产过程中的安全与健康，以及国家为保护劳动者在生产过程中的安全和健康而制定的各种法规，包括安全技术规程、劳动卫生规程、对女工和未成年工特殊保护以及各种劳动保护管理制度等。

在我国，劳动保护具有重大的政治、经济、社会意义，可以从以下三个方面去理解：①劳动保护是我们国家的一项重要政策，也是社会主义企业管理的一项基本原则。劳动人民是国家的主人，他们通过自己的劳动为国家创造巨大的物质财富，国家把对劳动人民在生产劳动过程中的保护放在重要地位。②劳动保护也是发展社会主义经济的重要条件。社会生产力是由人的因素和物的因素所构成的，而人是生产力中能动性活动的决定性因素，我们要保护和发展生产力，最重要的还是要保护劳动者，保护他们在生产过程中的安全与健康。③劳动保护是影响社会安

小活动

请结合你身边发生的或新闻媒体报道的劳动安全事故，说一说事故发生的原因。

定的重要因素。任何时候，出现安全事故，不但给国家经济带来损失，同时还会给家庭带来极大的不幸，甚至还会给社会带来不安定的因素，造成一定的社会影响。因此，政府要求把劳动保护工作贯穿在企业生产劳动的全过程，做到减少和消灭工伤事故，保障劳动者的劳动安全；保证劳动者有适当的休息时间，减轻劳动强度，减少职业危害，实现安全生产和文明生产。

二、掌握必要的劳动安全常识

保证劳动安全是劳动者的权利，政府和企业有义务依法提供符合安全卫生标准的劳动条件。为了养成劳动安全意识，青少年要学会识别和掌握必要的劳动安全与卫生常识，主要包括安全色与安全标志、个人防护装备的相关知识与使用方法。

（一）安全色与安全标志的识别

安全色和安全标志是在特定工作环境中，为了提醒劳动者做好防护而设置的。每一种安全色、每一个安全标志都具有特定的含义，需要我们正确识别。

一是安全色。按照我国安全色标准规定，安全色有红色、蓝色、黄色、绿色四种。①红色表示禁止、停止，用于禁止标志。例如，机器设备上的紧急停止手柄或按钮及禁止触动的部位都使用红色。红色有时也用于防火。②蓝色表示指令，必须遵守。③黄色表示警告和注意。如厂内危险机器和警戒线、行车道中线、安全帽等。④绿色表示安全状态或

（红色）　　　　　　　　　　　（蓝色）

不同标志的安全色

（黄色）　　　　　　　　　　　（绿色）

不同标志的安全色

可以通行。例如车间内的安全通道、行人和车辆通行标志,消防设备和其他安全防护设备都用绿色。

二是安全标志。安全标志分为禁止标志、指令标志、警告标志和提示标志四类。安全标志牌要求被放在醒目的地方。

(1)禁止标志:含义为禁止人们实施不安全行为。其基本形式为带斜杠的圆形框,圆环和斜杠为红色,图形符号为黑色,衬底为白色。

禁止标志

(2)指令标志:含义是强制人们必须做出某种动作或采用防范措施。其基本形式是圆形边框,图形符号为白色,衬底为蓝色。

指令标志

（3）警告标志：提醒人们对周遭环境引起注意，以避免可能发生的危险。其基本形式为正三角形边框，三角形边框及图形符号为黑色，衬底为黄色。

警告标志

（4）提示标志：向人们提供某种信息，如标明安全设施或场所。其基本图形是正方形边框，图形符号为白色，衬底为绿色。

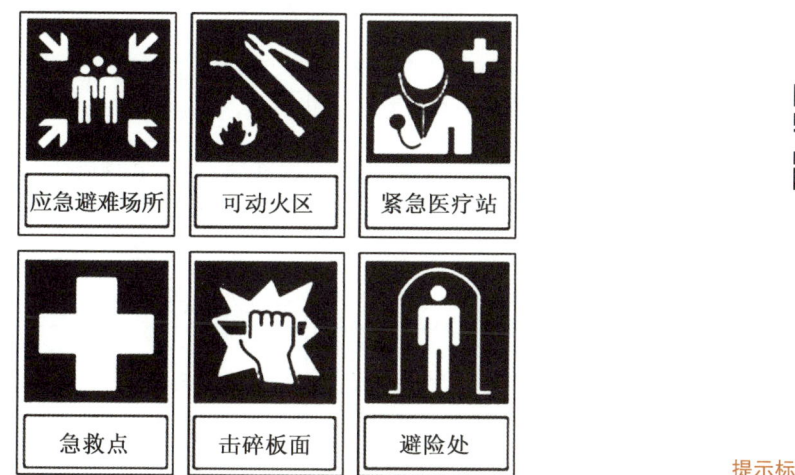

提示标志

（二）个体防护装备相关知识及使用方法

个体防护装备知识对于预防事故伤害和减少职业危害具有重要意义。为了提高劳动安全意识，我们不仅要了解劳动岗位需要什么样的劳动保护用品，还要了解个体防护装备的正确佩戴和使用方法。

我国实行以人体防护部位为依据的分类标准，将个体防护装备分成9类。

个体防护装备及其使用

个体防护装备类型	举 例	作用及使用要求
头部防护装备	安全帽、防寒帽等	为了防御头部受外来物体打击，安全帽在使用时应戴正、戴牢，锁紧帽箍，配有下颌带的安全帽应系紧下颌带，确保在使用中不发生意外脱落；帽内缓冲衬垫的带子要结实，人的头顶与帽内顶间隔不能小于50毫米；每次使用前应认真检查安全帽，若发现有破损情况，就要立即更换。进入施工现场，必须戴好安全帽
呼吸防护装备	防尘口罩、自吸过滤式防毒面具等	其作用为防御缺氧空气和（或）空气污染物进入呼吸道。其中，防尘口罩可有效防止粉尘的吸入，而防毒面具则可防御有毒、有害气体或蒸汽、颗粒物（如毒烟、毒雾）等对呼吸系统或面部的危害。使用防毒面具要注意正确选择过滤件
眼面部防护装备	焊接护目镜，炉窑眼面防护具和防冲击护目镜等	用于防御电磁辐射、紫外线及有害光线、烟雾、化学物质、金属火花和飞屑、尘粒，抗机械和运动冲击等伤害眼睛、面部和颈部
听力防护装备	耳塞、耳罩等	预防噪声对人体的不良伤害，避免作业者的听力损伤
手部防护装备	一般工作手套、防酸碱手套、绝缘手套等	在不适合以手直接接触机械、机具、液体以及可能导致手部受伤的情况下，必须戴合适的手套。佩戴手套时应将衣袖口套入手套内，以免发生意外。操作转动机械作业时，禁止使用编织类防护手套
足部防护装备	防水鞋、低温环境作业保护靴、防静电鞋、防酸碱鞋、电绝缘鞋等	其作用是保护穿用者的小腿及脚部免受物理、化学和生物等外界因素伤害
躯干防护装备	一般防护服、防水服、防寒服、阻燃防护服、防辐射服等	用于防御物理、化学、生物等外界因素伤害
劳动皮肤防护装备	防水型护肤剂、洁肤型护肤剂、遮光型护肤剂等	防御物理、化学、生物等有害因素损伤皮肤或引起皮肤疾病。主要作用是遮光、防油、防酸、防碱等
坠落防护装备	安全带、安全网等	防止作业人员从高处坠落或受高处落物伤害

个人防护装备使用的注意事项有：第一，要根据作业场所的危害因素及其危害程度，正确选用防护用品；第二，要通过教育培训，做到"三会"，即会检查防护用品的安全可靠性，会正确使用防护用品，会维护、保养防护用品；第三，严禁故意或无故弃用防护用品，确保个人防护用品状况良好，如有损坏，应立即向管理人员报告，及时更换；第四，用于急救的呼吸器要定期检查，确保有效。同时，应将其妥善存放在可能发生事故的地点的邻近处，以便取用。

三、了解劳动权利的法律规定

（一）什么是劳动权利

我国宪法规定，中华人民共和国公民有劳动的权利和义务。作为未来的劳动者，你知道劳动者享有哪些法定的劳动权利吗？

《劳动法》规定，劳动者享有的劳动权利有：①平等就业和选择职业的权利：地方各级人民政府应当采取措施，发展多种类型的职业介绍机构，提供就业服务；劳动者就业，不因民族、种族、性别、宗教信仰不同而受歧视；妇女享有与男子平等的就业权利；禁止用人单位招用未满16周岁的未成年人。②取得劳动报酬的权利：工资分配应当遵循按劳分配原则，实行同工同酬；国家实行最低工资保障制度。不得克扣或者无故拖欠劳动者的工资；劳动者在法定休假日和婚丧假期间以及依法参加社会活动期间，用人单位应当依法支付工资。法定休假日安排劳动者工作的，支付不低于工资的百分之三百的工资报酬。③休息休假的权利：每日工作时间不超过8小时、平均每周工作时间不超过44小时；用人单位应当保证劳动者每周至少休息1日；元旦节、春节、国际劳动节、国庆节以及法律、法规规定的其他休假节日应当依法安排劳动者休假；劳动者连续工作1年以上的，享受带薪年休假。④获得劳动安全卫生保护：用人单位必须建立、健全劳动安全卫生制度，严格执行国家劳动安全卫生规程和标准，对劳动者进行劳动安全卫生教育，防止劳动过程中的事故，减少职业危害；劳动安全卫生设施必须符合国家规定的标准；劳动者对用人单位管理人员违章指挥、强令冒险作业，有权拒绝执行；对危害生命安全和身体健康的行为，有权提出批评、检举和控告。⑤享受社会保险和福利：国家发展社会保险事业，建立社会保险制度，设立社会保险基金，使劳动者在年老、患病、工伤、失业、生育等情况下获得帮助和补偿；用人单位和劳动者必须依法参加社会保险，缴纳社会保险费；劳动者在退休、患病、负伤、因工伤残或者患职业病、失业、生育等情形下，依法享受社会保险待遇。

（二）什么是女性职工的特殊劳动保护

你知道女性职工在经期、孕期、产期、哺乳期都有哪些特殊保护内容吗？为什么要对女性职工实行特殊劳动保护？女性职工特殊劳动保护是针对女性职工的生理特点所进行的特殊保护，其目的在于防止不良的劳动条件对女性职工健康，尤其是对生育系统和生育功能的影响。

国家法律规定，用人单位不得以结婚、怀孕、产假、哺乳等为由，辞退女职工或者单方解除劳动合同。不得在女职工怀孕、产期、哺乳期降低其基本工资，或者解除劳动合同。禁止安排女职工从事矿山井下、国家规定的第四级体力劳动强度的劳动和其他女职工禁忌从事的劳动。

女性职工的"四期"保护：①经期保护。女职工在月经期间，所在单位不得安排其从事冷水、低温作业分级标准中的第二级、第三级、第四级作业、高处作业标准中的第三、第四级作业和国家规定的第三、四级劳动强度的劳动。②孕期保护。单位不得安排怀孕期女职工从事国家规定的第三、四级体力劳动强度的劳动和孕期禁忌从事的其他劳动。怀孕7个月以上（含7个月）的女职工，用人单位一般不得延长劳动时间或者安排其从事夜班劳动，在劳动时间内应安排一定的休息时间。③产期保护。国家相关法规规定，女职工产假为98天，难产的增加产假15天。在上述假期之外，为了鼓励生育，各地还有延长产假政策，不同省（区、市）可能有所不同。产假期间，工资照发。④哺乳期保护。女职工在哺乳期内，所在单位不得安排其从事国家规定的第三、四级体力劳动强度的劳动和哺乳期禁忌从事的其他劳动，不得延长其劳动时间或不得安排其从事夜班劳动，并在每天的劳动时间内安排哺乳时间。

（三）职业院校实习生应切实维护自身劳动权益并保障劳动安全

作为职业院校实习生，你知道自己拥有什么权益吗？我们应该如何在实习期间维护自己的权益，保障自己的劳动安全呢？

教育部等五部门联合印发的《职业学校学生实习管理规定》明确规定：①职业学校、实习单位、学生三方未按照规定签订实习协议的，不得安排学生实习；②不得安排学生到酒吧、夜总会、歌厅、洗浴中心等营业性娱乐场所实习；③不得安排学生加班和夜班；④顶岗实习报酬，原则上不低于本单位相同岗位试用期工资标准的80%；⑤实习单位不得向学生收取实习押金；⑥未满18周岁的学生参加跟岗实习、顶岗实习、应取得学生监护人签字的知情同意书。

此外，实习生在实习期间注意劳动安全，应该做到：①严格遵守工作纪律，坚持做到不迟到、不早退、不串岗、不脱岗，顶岗工作期间不办私事，工作之余不私自外出，遇事请假。②加强安全防范意识，注意交通安全、防触电、防溺水、防中毒、防雷电。③严格遵守岗位操作规程和安全管理制度，严防机械事故、人身伤亡事故等工作责任事故及人身安全事故的发生。④在实习过程中，严格检查设备和场地，凡发现不符合安全生产要求，有进入危险厂房、接触危险设备、进入危险场地可能的，学生应及时向实习指导教师反映，有权停止操作，待检查合格后再进行操作。

小活动
想一想，在你所在专业的顶岗实习中，可能会发生哪些劳动安全问题？我们又该如何防范？

四、遵守安全规程和劳动纪律

（一）遵守劳动安全卫生操作规程是劳动者应尽的义务与责任

在社会主义制度下，劳动者的权利与义务相互依存、不可分离，两者是统一的，任何权利的实现总要以义务的履行为条件。认真学习《劳动法》，不断增强劳动法律意识，劳动者才能懂得依法维护自己的合法权益。

《劳动法》规定：劳动者在劳动过程中必须严格遵守安全操作规程。国家制定的安全卫生操作规程，是劳动者在劳动过程中生命安全、身体健康的法律保证，也是进行正常生产活动、维持企业正常运转的保障。劳动者在劳动过程中既享有劳动保护的权利，又负有执行劳动安全卫生操作规程的义务。劳动者只有严格遵守安全卫生方面的规定，文明生产、安全生产，才能保障生产顺利进行，劳动者自身的生命安全和身体健康，也才有切实保障。

劳动者在劳动过程中要自觉执行劳动安全卫生规程，必须做到：①遵守劳动纪律：劳动纪律是组织社会劳动的基础，是进行共同工作所必需的。它要求劳动者在共同劳动过程中遵守一定的规则和秩序，听从管理者的指挥和调度。它是每个劳动者按照规定的时间、质量、程序和方法完成自己所承担的生产任务或工作任务的行为准则。②遵守职业道德：职业道德是所有从业人员在职业活动中应该遵循的行为准则，涵盖了从业人员与服务对象、职业与职工、职业与职业之间的关系。我国的职业道德，是以为人民服务为核心的社会主义道德在职业活动中的体现。其基本要求是：爱岗敬业、诚实守信、办事公道、服务群众、奉献社会。③执行劳动安全卫生规程：执行劳动安全卫生规程不仅对劳动者的生命和健康有利，也能防止、消除生产过程中的各种职业危害，保证生产顺利进行。

（二）遵守日常安全防范措施是青少年劳动保护的重要内容

青少年应当经常参加生产劳动，学习并掌握一定的劳动技能，培养热爱劳动的思想品质。在劳动中，青少年一定要把安全放在第一位，做到遵守纪律、服从管理、听从指挥，不要随意行动。劳动时不要用劳动工具嬉笑打闹，互相追逐，以防对自己或他人造成伤害。

青少年在劳动中应该如何保护自己的安全呢？①服装得体：要换好适合劳动的服装，服装以透气、舒适为宜。②正确使用工具：要熟悉劳动工具的正确使用方法，避免因方法不当而对自己或他人造成伤害。③了解安全常识：劳动准备中最重要的一项，就是要了解该项劳动的安全常识，避免在劳动中发生危险情况。④遵守劳动纪律：服从分配听指挥，在劳动中要做到：劳动时不和同学玩耍、打闹，特别是使用工具时严禁嬉戏、追逐、打闹；必须在指定范围内参加劳动；不擅自改变劳动的有关规定，服从分配听指挥。⑤虚心请教：掌握劳动要领不仅能提高劳动的速度和质量，而且能避免事故的发生，要做到认真听取老师或师傅的讲课，记住劳动的程序，领会劳动的操作要领。在劳动过程中，要虚心接受指导，及时改正不正确的动作，遇到不会操作的地方要及时请教。⑥切忌蛮干，量力而行：各人的体质不同，力气有大有小，盲目蛮干会伤害身体，青少年处于生长时期，更要注意保护身体。⑦远离危险物品：劳动时不要接触有害物质，如硫酸、农药等，不随便触摸和玩弄电器、电源开关等。应远离没有防护装置的传送带、砂轮、电锯等危险劳动工具，以免发生意外。注意个人卫生，尤其是在劳动中接触农药等有害物质后，要及时洗手，避免因不小心导致农药中毒。

五、切实提高环境保护意识

（一）什么是环境保护

人类的生存和发展离不开环境。然而，人类在谋求自身的生存和发展的同时，不断造成生态破坏和环境污染。随着人类改造自然的力量日渐强大，人类对环境的破坏变得日益严重。人类不能以牺牲环境为代价换来一时的经济繁荣，不能对大自然苛求无休。人类既不是大自然的奴仆，也不是大自然的主宰，人类应秉持可持续发展的理念，在谋求生存与发展的同时，认识和解决好环境问题，保护环境。

什么是环境？环境是指围绕着人类的外部世界，是人类赖以生存和发展的社会和物质条件的综合体。人类环境有别于其他物质环境，包括自然环境和社会环境两大部分。①自然环境，又称天然环境，由各种自然要素组成。早在人类出现以前，自然环境就已经经历了漫长的发展过程，自人类出现后，自然环境就成为人类生存和发展的主要条件。目前，地球上的纯自然环境已不多见。②社会环境，又称人工环境，是指人类根据生活和生产需要，对自然环境进行加工改造后的环境。按照人

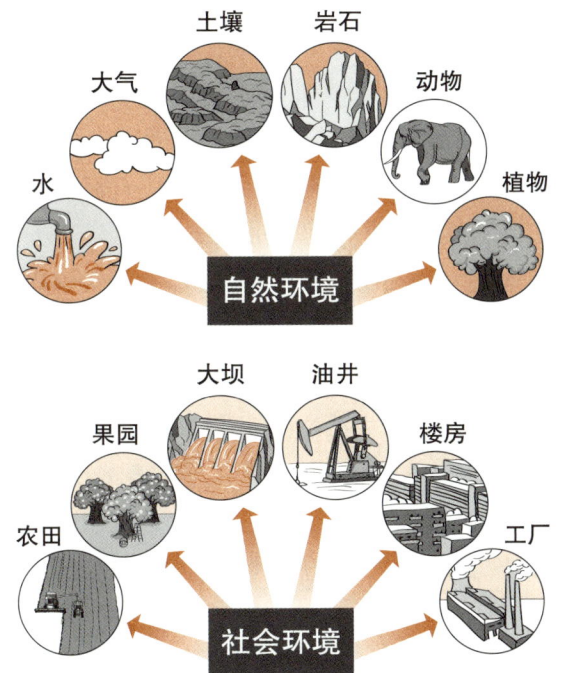

自然环境与社会环境

类对环境的利用或环境的功能，社会环境可分为居住环境、生产环境、交通环境、文化环境和旅游环境。随着科学的发展、社会的进步以及人类活动在深度和广度上的不断扩大，社会环境的内容正在不断丰富。

环境保护简称环保，一般是指人类为解决现实或潜在的环境问题，协调人类与环境的关系，保护人类的生存环境，保障经济社会的可持续发展而采取的各种行动的总称。环境问题是当今世界的热门话题之一，一般是指在人类社会经济活动的作用下，环境向不利于人类生存和发展的方向变化而导致的一系列问题。广义的环境问题，既包括人为原因产生的环境问题，也包括自然原因产生的环境问题。当今全球正在关注的环境问题主要有温室效应增强、全球气候变暖、酸雨蔓延、森林锐减、水体污染、土地荒漠化面积扩大、垃圾污染等。

（二）垃圾分类是环境保护的重要内容

垃圾分类一般是指按一定规定或标准将垃圾分类储存、分类投放和分类搬运，从而转变成公共资源的一系列活动的总称。随着人们生活水平的提高和消费的增加，垃圾大量增加，如果处理不当，就会污染环境、传播疾病、损坏土壤、侵占耕地等，严重影响人们的生活质量与社会的可持续发展。垃圾分类处理不仅可以减少土地资源的消耗，减少污染，还可以变废为宝，提高垃圾的资源价值和经济价值，做到物尽其用。因此，垃圾分类是环境保护的重要内容，为减少垃圾带来的环境破坏，有效利用资源，做好垃圾分类是每一个公民应尽的义务。垃圾分类已经成为世界性的潮流。

勤俭节约、变废为宝是中华民族的传统美德。近年来，我国政府从国家层面加速推进垃圾分类制度，2017年国家发改委、住建部公布，将在全国46个重点城市推行垃圾分类制度。2019年7月1日《上海市生活垃圾管理条例》正式实施，上海开始普遍推行强制垃圾分类，按上海市绿化和市容管理局发布的生活垃圾分类投放指南，生活垃圾分为"湿垃圾""干垃圾""可回收物""有害垃圾"（见下表）。按规定，如果没有将垃圾分类投放到指定垃圾桶内，就会受到行政处罚。个人没有将垃圾分类投放最高罚款200元人民币，单位混装混运垃圾最高罚款5万元人民币。2020年12月10日至11日，全国城市生活垃圾分类工作现场会召开。会议提到，46个重点城市已基本建成生活垃圾分类系统，其中，

25个城市已出台生活垃圾管理条例。

生活垃圾分类

湿垃圾	干垃圾
主要包括食材废料、剩饭剩菜、过期食品、瓜皮果核、花卉绿植、中药药渣等。如谷物及其加工食品、肉蛋及其加工食品、水产及其加工食品、蔬菜、调料、酱料、火锅汤底、鱼骨、碎骨、茶叶渣、咖啡渣、中药药渣、糕饼、糖果、风干食品、粉末类食品、宠物饲料、水果果肉、水果果皮、水果茎枝、果实、家养绿植、花卉、花瓣、枝叶等	如餐巾纸、卫生间用纸、尿不湿、烟蒂、狗尿垫、猫砂、污损纸张、污损塑料、尼龙制品、编织袋、大骨头、灰土、太空沙、硬贝壳、一次性餐具、陶瓷制品、毛巾、竹制品、硬果壳、毛发、防碎气泡膜、橡皮泥、创可贴、内衣裤、胶带等
可回收物	有害垃圾
主要包括废纸张、废塑料、废玻璃制品、废金属、废织物及其他。如报纸、纸板箱、书本、纸塑铝复合包装、纸袋、信封、塑料瓶、玩具、食品保鲜袋、乳液罐、衣架、泡沫塑料、酒瓶、玻璃杯、碎玻璃、窗玻璃、玻璃放大镜、刀、易拉罐、锅、指甲钳、螺丝刀、皮鞋、衣服、床单、枕头、毛绒玩具、电路板、电线、插座、砧板、木积木等	主要包括废镍镉电池和废氧化汞电池、废荧光灯管、废弃药品及其包装物、废油漆和溶剂及其包装物、废杀虫剂、消毒剂及其包装物、废含汞温度计、废含汞血压计、废胶片及废相纸等。如充电电池、镍镉电池、铝酸电池、蓄电池、纽扣电池、节能灯、荧光灯、卤素灯、过期药物、药品内包装、药片、药物胶囊、染发剂壳、废油漆桶、过期指甲油、洗甲水、水银血压计、水银体温计、消毒剂、老鼠药、杀虫喷雾、X光片等感光胶片、相片底片等

（资料来源：上海市绿化和市容管理局发布的《上海市生活垃圾分类投放指引》）

  我们每个人都是垃圾的制造者，又是垃圾的受害者，但我们更应该是垃圾公害的治理者。因此，我们应自觉遵守垃圾分类规定，在家中、学校或社区产生垃圾时，按要求做到将垃圾分类贮存或投放，并注意做到：①收集垃圾时，密闭收集，分类收集，防止二次污染，收集后及时清理作业现场，清洁收集容器和分类垃圾桶。若采用非垃圾压缩车直接收集的方式，那么在垃圾收集容器中内置垃圾袋。②垃圾投放前，纸类尽量叠放整齐，避免揉团；瓶罐类物品尽可能在容器内产品用尽后将其清理干净再投放；厨余垃圾做到袋装、密闭投放。

③垃圾投放时，按垃圾分类标志的提示，分别投放到指定的地点和容器中。玻璃类物品小心轻放，以免破损。④垃圾投放后，注意盖好垃圾桶上盖，以防止蚊蝇滋生，污染周围环境。

（三）树立正确的环境保护意识并参与环境保护

> **小活动**
> 结合你对环境保护和绿色消费的理解，完成本章末"此刻行动"中第一个表格的填写。

在环境问题日益突出的今天，我们应当树立正确的环境保护意识，采取社会的、经济的、技术的综合措施，合理利用自然资源，防止环境污染和生态破坏，以促进经济和社会的可持续发展。环境保护需要公众参与，任何公民都有依据一定的法律程序，参与保护环境的权利和义务。青少年应该成为环境保护和可持续发展的重要推动力量，遵循一定的行为准则，积极参与环境保护活动。

（1）崇尚绿色消费。绿色消费又称"可持续消费"，是一种以适度节制消费，避免或减少对环境的破坏，崇尚自然和保护生态等为特征的新型消费行为和过程。随着人们环境意识的增强，越来越多的个人和家庭以实际行动响应绿色消费模式。绿色消费的内容非常宽泛，不仅包括绿色产品，还包括物资的回收利用、能源的有效使用、对生存环境和物种的保护等，可以说涵盖生产行为、消费行为的方方面面。

崇尚绿色消费，要求我们在进行衣食住行的消费时自觉避开6类产品：①危及消费者或他人健康的产品。②在生产、使用或废弃过程中明显伤害环境的产品。③在生产、使用或废弃期间不相称地消耗大量资源的产品。④从濒临灭绝的物种中获得材料制成的产品。⑤乱捕滥杀所得的动物。⑥对其他国家特别是发展中国家造成不利影响的产品。

（2）参与创建绿色学校。绿色学校是指在学校管理、学校课程、学校环境、学校与社区的关系方面，都符合环境保护要求的学校。作为一名职业院校的学生，我们要利用自身的专业优势，努力在实践中形成良好的环境观，从我做起，创建一个理想的环保型教室，为创建绿色学校发挥自己的聪明才智。

（3）协助创建绿色社区。社区是公众参与环境保护最基本的单位。所谓绿色社区，是指具备了一定符合环保要求的硬件设施，建立了较完善的环保管理体系和公众参与机制的社区。绿色社区不仅包括绿色建筑、

绿色学校

社区绿化、垃圾分类、污水处理、节水节能等设施，而且还应该拥有环保志愿者队伍和一定比例的绿色家庭，以及开展持续性的环保活动等。

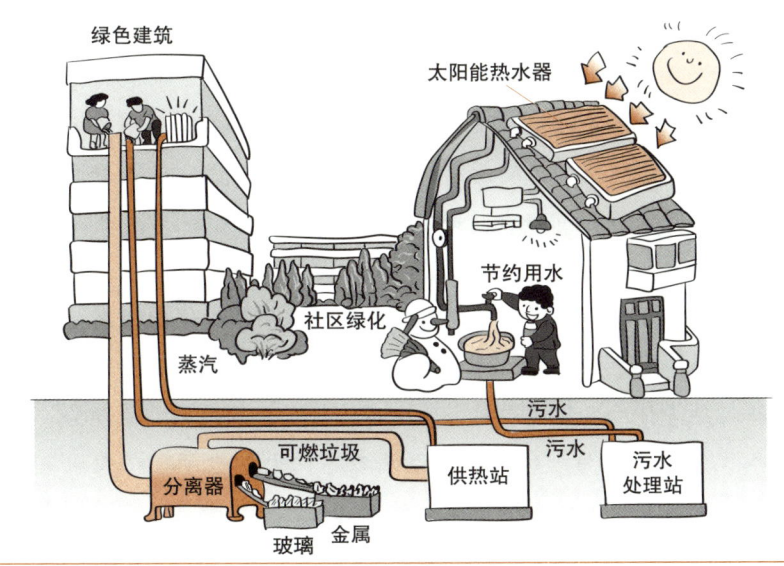

绿色社区

在日常生活中，我们要养成环保意识和良好的生活习惯。比如，以节水为荣，随时关上水龙头，别让水空流；随手关灯，省一度电，就可以少一份污染；减用空调使用，降低能源消耗；做"公交族"，以乘坐公共交通工具为荣；自备购物袋，少用塑料袋；拒食野生动物，改变不良的饮食习惯，为环境保护做出自己的一份贡献。

联系实际

（一）

蕾切尔·卡森是美国海洋生物学家，伟大的环境保护先驱者。卡森年轻时抱着当作家的愿望进入宾夕法尼亚女子学院。大学二年级时，生物学课程使她对森林、海洋，特别是各种野生动物产生了兴趣。从此她把全部的心血倾注给这门学科并成为一名生物学家。1962年她的著作《寂静的春天》出版了，书中阐释了农药杀虫剂DDT对环境的污染和破坏，使人们看到了伴随科技和工业发展而来的是一个被毒化了的环境。它对人类的危害是全面的、长期的、严重的。该书从环境污染的角度为人们敲响了警钟，轰动了世界，并促使美国政府设立了环境保护局，一些发达国家也先后颁布了一系列环境保护法。《寂静的春天》现已成为一本家喻户晓的环境科普读物，它在唤起广大公众环境觉悟方面起了重要的作用，并掀起了国际环境保护行动的浪潮。

（二）

黎建飞，中国人民大学法学院教授。他年少时经历坎坷，学过木匠、上过矿山、扛过水泥。22岁那年，他参加了改变命运的高考，从此与法结缘，成为中国第一位立法学博士。博士毕业后，他投身立法工作，参加劳动法起草。劳动法颁布后，他又回到校园，从此开启劳动法教学、为劳动者权益保护建言献策的生涯。黎建飞说："在改革开放的背景下，计划经济向市场经济过渡，在这个过程中，法制有了，但也需要劳动者观念上的转变。"在黎建飞看来，对于劳动者的困惑，需要有人释疑解惑；对于劳动者权益保护，需要有人建言献策。于是，在完成劳动法起草工作后，黎建飞辞去劳动部法规司法规处副处长职务，来到中国人民大学，成为一位从事劳动法教学的大学老师。在教学工作之余，黎建飞不忘为劳动者权益保护释疑解惑，建言献策。在劳动者权益保护这项伟大的改革事业当中，黎建飞奉献了他全部的热情与精力。

此刻行动

1. 体验过程

请结合自己及家人的日常消费行为，对照下表国际绿色环保"5R"原则，分别列举日常消费或不消费的物品名称，说明你选择这一物品的理由，并说明其具有的符合或不符合绿色环保的特征。

绿色环保"5R"原则	消费或不消费物品名称	符合或不符合绿色环保的特征
减少污染（Reduce）		
环保选购（Reevaluate）		
重复使用（Reuse）		
循环再生（Recycle）		
保护自然（Rescue）		

填写人：_____　日期：_____年_____月_____日

2. 实践活动

以小组为单位开展"垃圾分类，你我同行"的实践活动，比如可以以"家庭垃圾处理情况""分类后垃圾的去向""居民垃圾分类习惯的养成情况"等为主题开展实地调查活动，也可以开展垃圾分类宣传活动，引导居民从小事做起，让垃圾分类从口号变成习惯。鼓励小组成员自主设计主题，独立思考。

根据小组设计的主题，撰写一个社会实践调查报告或记录活动感想。

活动计划	
一、活动目标	
二、活动方法	
三、活动安排	
四、活动保障	

微课　劳动安全与环境保护

第四部分

尊重劳动成果

理解劳动的意义，树立正确的劳动态度，在行动中既要体现为积极参与劳动，还要体现为尊重劳动成果。尊重劳动成果也是劳动素养的重要组成部分，因为劳动意味着劳动者脑力和体力的付出，这种付出在产品意义上是有价的。"谁知盘中餐，粒粒皆辛苦"，告诉我们的就是这个道理。只有懂得珍惜劳动成果，知道如何积累和利用劳动成果，我们才会有持续劳动的动力。

　　尊重劳动成果，首先要珍惜自己的劳动，主要表现为合理消费。"月光族"的生活态度是一种不良生活态度，本质上是对自己劳动的不尊重。其次要学会欣赏、尊重他人的劳动成果，主要表现为爱护公共财物与环境，不任意侵占他人的劳动成果，感恩他人的帮助等。再次要学会保存和积累劳动成果。人类历史的发展得益于财富累积，重大的社会建设成就更是需要通过长期积累才能取得成功。尊重劳动成果的最终要求是尊重劳动者，任何行业任何积极劳动、自食其力的人都是可爱的，都应获得尊重。人才不仅存在于科学家、政治家中，也存在于普通劳动者中。

第十章
尊重劳动成果

> 学习目标：能认识到劳动成果来之不易，形成尊重劳动成果和劳动者的意识，学会有计划地积累劳动成果。

测测自我

请仔细阅读下列问题，逐一回答"是"或"否"，并将答案标注在相应的位置。

序号	问题	是/否
1	你是否认同劳动成果都来之不易？	
2	你是否认同当今社会仍需要勤俭节约？	
3	你是否认同人们应该理性消费？	
4	你是否认同父母的劳动成果应该得到珍惜？	
5	你是否认同网络资源也拥有知识产权？	
6	你是否认同公民有爱护社会公共财物的义务？	
7	你是否认同只有脚踏实地地积累才能获得伟大的成就？	
8	你是否认同劳动需要有计划地开展？	
9	你是否认同不同类型的人类劳动在本质上都是无差别的？	
10	你是否认同每一位劳动者都值得尊敬？	

以上问题，回答"是"越多越好。

热爱劳动、崇尚劳动，还体现为尊重劳动成果及其背后的劳动者。即使在市场经济如此发达的时代，人们可以用金钱购买到各种类型的商品与服务，也要对劳动成果予以尊重和保护。此外，劳动的过程也是个体奋斗的过程，取得成功需要以劳动成果的不断积累为前提。因此，我们还要尊重自己的劳动，欣赏、保护和合理使用劳动过程中取得的每一项成果。

现象评析
★★★★★

尊重劳动成果不能仅仅是口头上的说辞，更应时刻体现在我们的行动之中。在生活中，我们能看见以下现象：一些学生在公共场合随手扔垃圾，而且认为这不是问题，因为有保洁员随时打扫卫生；个别学生在写作业和论文时大段剽窃和抄袭他人的成果，而且认为因为这种行为并没有对他人造成危害，也没有因此牟利，所以不算侵权；歌手发布的新歌往往需要用户付费后下载收听，一些经典影片也必须付费成为会员或单独购买后才能观看。你如何看待这些现象呢？请结合下列现象，围绕表中的问题进行思考并将观点填入下表。

问　　题	观　　点
在物质生活极其丰富的当下，我们是否还需要节约？	
如何看待有些人破坏公共环境、轻视清洁工人劳动成果的行为？	
为什么我们要重视那些哪怕是很小的进步？	

续表

问 题	观 点
为什么要尊重劳动者？	

现象一 五一假期，某电视台对一5A级景区内乱丢垃圾、破坏环境、掰折树枝的游客进行了采访。这些人在面对镜头时要么躲躲闪闪，要么抱怨电视台"小题大做"，认为自己并没有错。比如："如果我不丢垃圾，那些环卫工人不就失业了吗？""我只掰了一根树枝，又不影响整体的美观。""来这边旅游，不就是想跟标志性景点（雕塑）合照吗？我爬上去又不会破坏它，为什么不让我爬上去照相呢？"

现象二 在当代青年中流行"月光族"的风尚，奉行"一人吃饱、全家不饿"的生活方式，每个月的工资都会尽可能地花光，甚至超前消费，用"花呗"透支下个月的工资。小部分人还因此背上了不小的贷款，成为"月负族"。有调查显示，在所有年龄段中，95后的"剁手"严重程度更高，他们被贴上"有信心，更敢消费"的标签；95后超前消费的意识更强，每月信用卡消费支出占月收入的20%～60%，甚至，每月透支消费、零储蓄的人数占95后人数的15%。其中还有一些青年则选择了依靠父母的退休金生活，他们认为父母的退休金花不完，完全可以应付自己日常的开销，因此就选择不去找工作，或者工作态度不积极。

现象三 某研究人员对高职院校学生的作业和论文抄袭情况进行了调查，发现不少学生的论文初次查重率都超过了50%，有的学生的重复率甚至达到了90%。在作业方面，不少学生都是直接从百度文库中复制的，抄袭方法简单粗暴，这导致一些学生的作业内容不仅与网上雷同，而且学生之间也高度雷同。

现象四 近年来，"音乐收费"逐渐成为大众热议的话题。某知名歌手在线发布了新歌，但是需要用户付费3元才能收听。很多"乐迷"

心生抱怨,认为自己会买他演唱会的票,也会去购买关于他的周边产品,为什么非要付费3元才能听他的歌?而这位歌手说,如果一首歌卖3块钱都算贵,那么所谓的尊重在哪里?

现象五　一位中餐烹饪技能大赛的冠军曾经这样形容他的奋斗过程:"我身边的很多同学都因为在训练的过程中看不到自己微小的进步而中途放弃,但是我每次都会从切坏的萝卜、土豆中看到我的缺点、不足,以及比上一次进步的地方。我觉得这些虽然是残次品,但是它们记录了我的努力,让我每次都在新的起点上前进。"

提升认知

一、劳动成果来之不易

"谁知盘中餐,粒粒皆辛苦",这是我们从小就耳熟能详的诗句。这两句诗用十分直白的语言告诉我们:应该珍惜盘中的粮食,因为即使是一粒米,也是农民通过辛勤劳动得到的。当下所提倡的"光盘行动",就是希望全社会的人都能认识到粮食生产的不易,尊重农民的劳动成果。除了粮食,智能手机、楼房、电影和电视剧等都是人类用辛勤的劳动换来的成果。这些成果大大提高了我们的生活质量,也体现了人类凭借劳动创造新生活的愿望。

被誉为新世界七大奇迹之一的"港珠澳大桥",1983年就有人提出建设倡议,经过二十余年的讨论、规划和论证,2009年国务院正式批准建设,2018年10月24日正式通车。在十多年的建设过程中,有五十余

港珠澳大桥

家主要研究机构和企业参与了总体设计、质量管理、具体施工、工程监理、材料采购与制造、测量控制、施工图设计、工程综合信息系统开发等各个建设环节，参与建设的工人多达五万余人。正是他们在各自岗位上的默默付出和坚守，使得一系列技术难题得以攻克，最终实现工程的顺利竣工，造福了粤港澳大湾区未来的发展。

二、合理使用劳动成果

（一）合理使用自己的劳动成果

珍惜劳动成果，首先要学会合理消费和使用自己的劳动成果。"勤俭节约"是中华民族的传统美德。中国共产党从"小红船"到"土窑洞"，靠艰苦奋斗、勤俭节约不断成就丰功伟业的优良作风，历久弥新，永不过时。勤俭节约包含两层意思：勤劳和节俭。我们既要在工作、学习和生活中热爱劳动、勤奋劳动，又要合理地使用自己的劳动成果，避免造成不必要的浪费。例如，当代青年中存在的"月光族"群体，不注重对财富的积累和增值，而是片面地强调消费，尤其是不必要的消费，且认为"我挣的钱，我想怎么花就怎么花"。这种观点就是对自己劳动成果的不尊重。只有合理地规划和使用自己的劳动成果，才能更好地发挥财富的价值。在日常生活中，我们可以从记录自己生活中的每一笔收入和开支做起，在记录和分析中找到自己消费结构的合理与不合理之处，并注意及时调整和优化，从而实现理性消费，形成科学理财的意识和能力。

理性消费有以下常用策略：

1. 正确认识自身消费能力

未来可根据自身的收入水平和风险偏好，合理确定资产的配置结构与消费方式，例如可以将个人资产配置为四大块：短期消费、个人保险、风险投资理财、保本增值理财。同时应根据自己的收入水平，合理确定自己的消费能力，避免与自身还款能力不符的消费。

2. 理性规划消费行为

要理性对待一些商家推出的降价、返券、打折等促销活动，避免盲目消费、冲动消费，从而造成浪费。在选购商品时，要留意商家是否明码标价，谨防虚假打折，要"货比三家"，仔细查看商品的保质期、生产日期等，注意了解商家促销活动是否设置附加限制条件。

近年来，分期消费市场发展速度很快，但鱼龙混杂，良莠不齐，很多服务存在虚假宣传的现象。消费平台开展分期业务的主要目的在于拓展用户进行分期消费，业务员为了业绩，容易对消费者进行欺诈和诱导。从消费者自身角度来看，分期消费让非理性消费行为增多。分期消费时每期付款数额相对小，令人有一种花费较少的错觉。因此要合理使用分期消费，避免分期消费带来的非理性消费行为。

3. 积极防范消费风险

一些消费项目声称"高回报、高收益"，然而其实质是非法金融项目、赌博项目等。对于那些所谓"高额回报、快速致富的投资项目"要冷静分析，要坚信"天上不会掉馅饼"，拒绝高利诱惑。一些特殊消费项目未经相关部门批准，可能会给消费者带来身心伤害，如未经规范注册的医疗美容项目。消费前可通过查询营运许可证书、拨打相关部门电话等方式查询和确认。

还有一些法律明令禁止的消费项目，如野生动物交易、毒品交易等，均须加以识别和防范，必要时应报警。

在交易过程中要使用安全的支付方式，谨防信息泄露。尽量通过第三方支付平台付款，不要轻易相信对方以任何理由要求通过直接转账、汇款至私人账户以及通过发送付款链接页面或扫二维码等方式付款。对于自己不熟悉的网站，支付时要慎重。遇到可疑情况时，应及时与官网客服联系并核实，避免上当受骗。

在网购时要保存网上的商品图片和商品介绍以及与商家的聊天记录、支付信息、订单信息等资料，并及时向商家索要发票，以此作为维权证据。线下消费时注意保留购物小票，并尽可能选择非现金付款方式。一旦发生消费纠纷，可及时联系商家协商处理，如纠纷依然不能解决，可以向当地市场监管部门或消保委投诉。

（二）合理使用他人的劳动成果

1. 珍惜父母的劳动成果

大部分学生还不便参与生产、创造价值，因此需要父母在生活上给予必要的支持和帮助，让自己逐步成长为合格的劳动者。在物质生活极其丰富、全民生活水平显著提升的今天，父母为子女创造了相比过去而言更为优质的生活环境。但是，一些人认为父母的给予理所当然，不体谅父母赚钱养家的辛劳，而是一味地要求父母满足自己超出家庭正常水平的消费。还有一些具有劳动能力的成年人，仍长期依靠父母的退休金生活。这些都是个体在劳动观、消费观上存在的问题。良好的物质生活环境是父母通过辛勤劳动换来的，子女在享受父母劳动成果的同时，也应予以合理对待和珍惜。

2. 依法使用他人的劳动成果

在法律层面，我国制定了很多法律法规来保护不同形式的劳动成果，其中具有代表性的便是《中华人民共和国专利法》。该法的主要目的是保护发明创造专利权，鼓励大众发明创造。此外，在我们购买他人劳动成果时，也有《消费者权益保护法》等法律保护消费者的合法权益不受损害。

在所有劳动成果中，脑力劳动成果的比重越来越大，从日常使用的各类电脑和手机软件，到各类网络游戏，再到随处可见的商标、海报、包装、影片等，这些劳动成果都凝结了大量的人类智慧，体现了人类社会的多元性，并影响大众的生活习惯和休闲行为，甚至从根本上改变了人们的衣食住行。随着互联网技术的普及和发展，脑力劳动成果的获取越来越容易，人们动动手指就可以收看自己喜欢的综艺节目、电视剧、电影，查询到自己想要的资料。

但是，获取和使用脑力劳动成果并不是毫不受限的，要注意保护知识产权。知识产权是关于人类在社会实践中创造的脑力劳动成果的专有权利。人格权和财产权是知识产权的两个组成部分。脑力劳动的作品具有很强的人格性特征，同权利人的人身不可分离。其显著的特点是专有性，由所有权人专有和独占，其他人不得侵犯。知识产权包括两大类：著作权和工业产权。前者指的是自然人、法人或者其他组织对文学、艺术和科学作品依法享有的财产权利和精神权利的总称；后者指的是工业、商业、农业、林业和其他产业中具有实用经济意义的无形财产权。我国有一系列法律保护不同形式的知识产权，如《中华人民共和国民法典》《中华人民共和国著作权法》《中华人民共和国商标法》等。因此，在享受丰富的劳动产品时，应尊重和保护他人的脑力劳动，不可因为脑力劳动获取的便捷性，而在无意中侵犯他人的知识产权。否则，这不仅是不道德的行为，还有可能触犯法律。只有给予脑力劳动成果充分的尊重和保护，才能激励创作者创作出更多优秀的作品。

（三）爱护社会公共财产

1. 公共财产是一种特殊的劳动成果

大到土地、森林、山岭、草原、荒地、滩涂和其他海陆自然资源，小到街道上的公共座椅、围墙、绿化景观，都属于公共财物的范畴。这些公共财物既有待开发的国家资源，也有劳动者的劳动成果。与劳动者私人占有的劳动成果不同，公共财物是由国家所有、全民共享的，是国家为社会正常运转所提供的最基本保障。人们每天乘坐的地铁及享受的公共出行服务、周末去踏青和野餐的开放式公园都是公共财物，都是政府以统筹或购买的方式，向全社会提供的公共产品，是一种特殊的劳动成果。

2. 社会主义公共财产神圣不可侵犯

我国是社会主义国家，社会主义公有制经济在国民经济中居于主导地位。公共财物在国家和社会生活中扮演着十分重要的角色。《中华人民共和国宪法》第十二条明确规定："社会主义的公共财产神圣不可侵犯。国家保护社会主义的公共财产。禁止任何组织或者个人用任何手段侵占或者破坏国家的和集体的财产。"在社会主义建设的过程中，曾涌现出很多保护社会主义公共财物的优秀事迹，例如为保护生产队的羊群而严重冻伤的"草原英雄小姐妹"——蒙古族少女龙梅和玉荣，为保护药厂财产和周边居民安全而赴汤蹈火最终牺牲的广州市何济公药厂员工向秀丽。

在日常生活中，一些人认为公共财物由政府提供、全民共享，因此不注意保护甚至直接侵占，给其他人带来了诸多不便。在人类历史上，因为公共物品、公共资源的过度使用而造成的资源枯竭、公共物品破坏和浪费等问题屡见不鲜，例如过度砍伐森林，过度捕捞渔业资源，私拉电线，在公共场所随地吐痰、乱扔垃圾等。作为社会主义国家的公民，在享受公共财物带来便利的同时，有义务保护身边的每一项公共财物，让公共财物最大程度地发挥服务人民的价值。

三、保存和积累劳动成果

荀子在《劝学》中有言:"故不积跬步,无以至千里;不积小流,无以成江海。"成功并不是一蹴而就的,而是靠点滴成果的积累。每一次保存和积累的劳动成果,都是下一次成功的基础和动力。因此,积累往往是一个漫长的过程,需要我们周密规划、脚踏实地,注重保存和积累每一次取得的成果。

中华人民共和国成立以来,中国共产党领导中国人民取得了一个又一个伟大成就,这些成就都可以被视为实现中华民族伟大复兴的积累。2020年建成的"北斗卫星导航系统"正是新时代中国人民艰苦奋斗、厚积薄发的成果。"北斗卫星导航系统"并不是一蹴而就的成果,而是经过了前期系统的"三步走"规划,以及后期的技术积累、成熟和应用的完整过程。20世纪80年代,我国就开始探索适合国情的卫星导航系统发展道路,从1994年启动北斗一号工程建设开始,30年内共发射了58颗导航卫星,在几代人的努力下实现了全球组网和运行,为中国人民和世界人民提供了更为先进的卫星服务。而2020年我国发射的首枚火星探测器"天问一号",开启了中国人进军深空探测的新纪元,这将成为未来我国火星探测伟大征程的重要积累。

北斗卫星导航系统

> **小活动**
> 每天晚上睡觉前做一次自我反思，反思自己今天有哪些进步，又有哪些遗憾或做得不好的地方，在未来的日子里该如何改进。

个人积累劳动成果的关键在于有计划地、持之以恒地劳动。有计划地劳动，指的是能根据任务的内容和所要达成的目标，制订科学的劳动计划。尤其是在面对一项十分复杂的任务时，要学会对任务进行合理的分解，按照时间节点有计划地完成每个步骤的任务，并最终达到预定的目标。个人可根据任务的难度和时间跨度，有针对性地制订短期、中期和长期计划，并随时跟踪和反思计划的完成情况，必要时及时调整计划的进度和内容。除了有计划地劳动，个人还要有持之以恒的精神和毅力，在完成计划的过程中不惧困难，勇于拼搏，认真对待经历的每一次成功和失败，不断总结和积累经验，最终取得成功。

四、尊重劳动者

（一）尊重劳动成果的实质是尊重劳动者

任何一项劳动成果都要依靠劳动者的辛勤劳动去获得。从乌黑的铁矿石到支撑摩天大楼的钢铁，从普通的沙子到手机里的芯片，从细软的白糖到手中精美的糖人，正是不同岗位劳动者的智慧和汗水，将丰富的自然资源转化为服务人类生产生活的物品。

不同劳动成果所承载的劳动，即马克思所说的"无差别的人类劳动"，在本质上没有区别。它也被称为"抽象劳动"，指的是撇开具体形式的人类劳动。抽象劳动没有质的差别，只有量的差别。有些劳动成果所耗费的劳动较少，有些劳动成果则需要投入大量的人、财、物进行制作或创造。以航天工程为例，用于服务嫦娥四号在月球着陆的"天马望远镜"，其核心部件——钢码盘的工作精度要求是 0.004 毫米。而如果哪怕偏差了 0.001 毫米，嫦娥四号都将无法在月球着陆。通过磨床加工，精度只能达到 0.02 毫米。为了实现 0.004 毫米的精度，高级钳工夏立通过手动打磨的方式，硬是将钢码盘从 0.02 毫米打磨到了 0.002 毫米，相当于头发丝直径的四十分之一。这不仅需要劳动者有高超的技艺，更需要劳动者有耐心和毅力。此外，我们所熟知的国产大飞机 C919、复兴号高铁列车、液化天然气船（LNG 船）等，都是十分宏大的研发和制造工程，耗费了非常多的人类劳动。

然而，即使一些看起来不起眼的劳动成果，其实也都凝结着不可小视的宝贵劳动。江苏宜兴的紫砂壶是国家级非物质文化遗产。一个小小的紫砂壶，其制作过程要经历"打泥片和泥条—划泥片—围身筒—打身筒—调脂泥—做壶把—钻嘴眼—校正口、嘴、把—修整壶嘴、刮光壶肩、壶嘴、壶把—划开壶口并修整—光整壶体内部—钤上印章—自然干燥后进窑高温烧成"等十几道甚至几十道工序，每一道工序的完成都凝结着制作者数十年的训练和摸索。纪录片《舌尖上的中国》中介绍的陕西名吃"臊子面"，看起来只是一道十分普通的家常面食，但做起来十分讲究。"臊子面"的关键在配菜、酸汤以及肉臊子。肉臊子的制作前后需要耗费三个多小时，对后臀肉的选材、切片、炒制、文火慢炖等环节都有非常细致的要求；需要至少五种颜色的配菜（如黑木耳、白豆腐、黄鸡蛋皮、红萝卜、绿漂菜），且配菜的切制还讲究形状，每片蛋皮都呈现出菱形；手擀面要擀得非常薄，并用大刀切细，煮制后的面条呈现出"薄、劲、光"的特点。此外，快递和外卖"小哥"精心计算派送时间和路径，争取用最短的时间将包裹安全送到客户手中；我们步行的马路、乘坐的公交，都由环卫工人和司乘人员按时清洁。正是这些看似"不起眼"的劳动，为我们营造了舒适的生活环境。这些劳动成果中所蕴含的劳动是无差别的，因此，我们不仅要珍惜身边的每一种劳动成果，更要尊重每一位付出劳动的人。正是他们的用心劳动，才构筑起现代社会的美好生活。

（二）树立正确的人才观

尊重每一位劳动者，要求我们树立正确的人才观。无论是在工厂里从事一线工作的工人，学校里教书育人的教师，还是政府部门的工作人员，他们都是平等的劳动者，是以不同方式为社会做出贡献的人。2014年6月，习近平总书记在就加快发展职业教育作出的指示中指出："要树立正确人才观，培育和践行社会主义核心价值观，着力提高人才培养质量，弘扬劳动光荣、技能宝贵、创造伟大的时代风尚，营造人人皆可成才、人人尽展其才的良好环境，努力培养数以亿计的高素质劳动者和技术技能人才。"这是一个"不唯学历凭能力"的时代，只要肯劳动、会劳动、勤劳动，在任何岗位上都可以发光发热。

为了在全国弘扬劳动光荣的时代风尚，我国自1950年开始在全国范围内评选劳动模范。1950年至2020年先后召开16次表彰大会，表彰全国劳动模范和先进工作者超30 000人次。全国劳动模范和先进代

小活动

在我们身边有很多为我们提供服务的人，例如餐厅服务员、快递"小哥"，当他们为我们提供服务时，请向他们微笑地说声"谢谢"。让尊重别人的劳动从此刻开始，从小事做起。

表评选坚持面向基层和工作一线，面向经济社会发展的各条战线，面向社会各个阶层，确保产业工人在推荐人选中有较大的占比。全国总工会"2024 年全国五一劳动奖章"表彰中，产业工人有 380 名，占 40.3%；其他一线职工和专业技术人员 236 名，占 25.0%；科教人员 206 名，占 21.9%；农民工 172 人，占 18.2%。正是这些劳模，锻造出了"爱岗敬业、争创一流，艰苦奋斗、勇于创新，淡泊名利、甘于奉献"的劳模精神，鼓舞着每一代中国人为建设社会主义现代化强国而努力奋斗。

联系实际
★★★★★

每年的春节长假既是阖家团圆时刻，也是电影的贺岁档期。贺岁档被视为目前国内竞争最为激烈、票房产出能力最强、消费能力最强的电影档期，多部大片均选择在此档期内上映。国家电影局 2024 年 2 月 18 日发布的数据显示，2024 年春节档电影票房达 80.16 亿元，创造了新的春节档票房纪录，观影人次更是达到 1.63 亿。但由于上映的大片数量多，且价格随市场需求量的增加会有一定的上浮，一些观众便缺少了买票观影的积极性，而是选择从网上购买便宜的盗版资源。这些盗版资源由不法商家通过盗录等方式获得，价格只有电影票价的 10% 左右。"5 元高清电影，送万部 VIP""春节档高清电影免费送""一次购买，永久售后""买就送 100 000 G 影视资源"……不少商家以隐晦的方式，打着各种噱头出售春节档电影盗版资源。龙年春节档票房领跑的《热辣滚烫》，观众普遍欢迎的《飞驰人生 2》《熊出没·逆转时空》《第二十条》等电影，在网络平台上都能搜索到盗版资源。非法盗录、非法传播和购买的行为，逐渐形成了针对贺岁档影片盗版侵权的非法产业链，不仅严重侵犯了片方的利益，也破坏了国内影视行业的发展环境。

针对这一非法产业链，国家版权局每年都会同国家电影局及公安部、工信部等相关部门，深挖盗版源头，安排重点保护影片权利人及其监测机构，并建立对接窗口，联合网络服务商紧急删除侵权信息，对销售传播盗版影片的网站、APP、微信公众号、电商经营者等予以严厉查处。然而，政府的行动不可能铲除非法产业链的全部根基，解决这一问题还需要消费者杜绝购买盗版影片的行为。只有消费者树立正确的版权意识，认识到盗版行为对片方和电影创作市场带来的伤害，通过购买电影票的方式表达对演职人员及其成果的尊重，才能真正营造我国电影事业发展的良好环境，促成更多好电影的诞生。

还记得第一章留下的作业吗？当时选择的劳动项目，现在完成得如何了？完成的过程是否有很多难忘的经历和想法？在这门课即将结束之际，让我们用实际行动来体现自己对本门课程开设以来所取得的劳动成果的尊重吧。

此刻行动
★★★★★

劳动内容：

劳动成果：

劳动成果的完成度：□完成　　　□未完成

如果没有完成，那么你认为未完成的原因有哪些？

反思内容	记录变化的点滴
肢体运动能力的变化	
感知能力的变化	
知识的变化	
意志的变化	

续　表

反思内容	记录变化的点滴
思维能力的变化	
人际关系的变化	

现在的你，对劳动有什么独特的认识和理解吗？在这里做一个小结吧！

填写人：_____　日期：_____年_____月_____日

微课　尊重劳动成果

郑重声明

高等教育出版社依法对本书享有专有出版权。任何未经许可的复制、销售行为均违反《中华人民共和国著作权法》，其行为人将承担相应的民事责任和行政责任；构成犯罪的，将被依法追究刑事责任。为了维护市场秩序，保护读者的合法权益，避免读者误用盗版书造成不良后果，我社将配合行政执法部门和司法机关对违法犯罪的单位和个人进行严厉打击。社会各界人士如发现上述侵权行为，希望及时举报，本社将奖励举报有功人员。

反盗版举报电话　（010）58581999　58582371
反盗版举报邮箱　dd@hep.com.cn
通信地址　北京市西城区德外大街 4 号　高等教育出版社知识产权与法律事务部
邮政编码　100120

购书请拨打电话　（021）56717287

防伪查询说明
用户购书后刮开封底防伪涂层，利用手机微信等软件扫描二维码，会跳转至防伪查询网页，获得所购图书详细信息。也可将防伪二维码下的 20 位密码按从左到右、从上到下的顺序发送短信至 106695881280，免费查询所购图书真伪。

反盗版短信举报
编辑短信"JB,图书名称,出版社,购买地点"发送至 10669588128

防伪客服电话
（010）58582300

数字课程使用说明

一、注册/登录

访问 http://abook.hep.com.cn/，点击"注册"，在注册页面输入用户名、密码及常用的邮箱进行注册。已注册的用户直接输入用户名和密码登录即可进入"我的课程"页面。

二、课程绑定

点击"我的课程"页面右上方"绑定课程"，正确输入教材封底防伪标签上的 20 位密码，点击"确定"完成课程绑定。

三、访问课程

在"正在学习"列表中选择已绑定的课程，点击"进入课程"即可浏览或下载与本书配套的课程资源。刚绑定的课程请在"申请学习"列表中选择相应课程并点击"进入课程"。

如有账号问题，请发邮件至：abook@hep.com.cn。

教学资源服务指南

感谢您使用本书。为方便教学，我社为教师提供资源下载、样书申请等服务，如贵校已选用本书，您只要关注微信公众号"高职素质教育教学研究"，或加入下列教师交流QQ群即可免费获得相关服务。

"高职素质教育教学研究"公众号

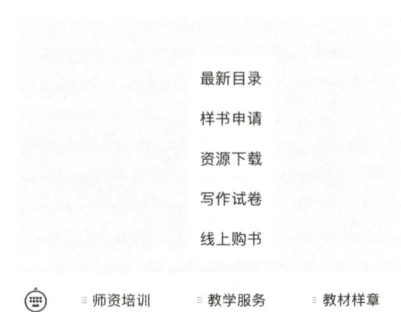

资源下载：点击"**教学服务**"—"**资源下载**"，或直接在浏览器中输入网址（http://101.35.126.6/），注册登录后可搜索下载相关资源。（建议用电脑浏览器操作）
样书申请：点击"**教学服务**"—"**样书申请**"，填写相关信息即可申请样书。
样章下载：点击"**教材样章**"，可下载在供教材的前言、目录和样章。
师资培训：点击"**师资培训**"，获取最新直播信息、直播回放和往期师资培训视频。

联系方式

高职劳动教育教师交流 QQ 群：747785932
联系电话：（021）56961310　电子邮箱：3076198581@qq.com

"十四五"职业教育国家规划教材

国家教材建设重点研究基地（职业教育教材建设和管理政策）组编

LAODONG HUODONG SHOUCE

劳动活动手册

主　编　徐国庆

学校：_____

学院：_____

班级：_____

姓名：_____

学号：_____

中国教育出版传媒集团
高等教育出版社·北京

目　录
CONTENTS

主题一　兴趣爱好陶冶生活情操　001

活动1　花艺：插花手作　献爱母亲　001

活动2　茶艺：以茶传情　感恩父爱　004

活动3　创意手工制作：陶艺减压　舒心释怀　007

主题二　日常劳动练就生活技能　010

活动1　收纳整理："智"整理"慧"收纳　习惯能力双收获　010

活动2　烹饪："烹"然心动　"饪"我做"煮"　013

活动3　烘焙："烘"享幸福　"焙"感快乐　017

活动4　汽车清洁：爱心洗车　情暖校园　020

主题三　校园劳动强化劳动意识　023

活动1　"文明寝室"创建：营一室馨香　创"文明寝室"　023

活动2　教学场所保洁：我为学校做实事　清扫教室创新风　026

活动3　校园环境保护：净化校园　从我做起　029

主题四　农耕劳作体悟劳动价值　032

活动1　大田作物种植：春种秋收　感恩自然　032

活动2　花卉培植与养护：寄情菊花　感恩敬老　035

主题五　生产制作涵养匠心品质　038

活动1　钳工产品制作：一锯一锉　毫厘必争　038

活动2　3D打印：点亮红色文化　创新文化展示　041

活动3　无人机与影视制作：无人机航拍　045

主题六　食品安全筑牢生命安全防线　*048*

活动 1　食品加工与储存：葡萄美酒　岁月醇香　*048*

活动 2　净菜加工制作：从农田到餐桌的安全守护　*051*

主题七　公益劳动提升社会技能　*054*

活动 1　垃圾分类进社区：垃圾分类　从我做起　*054*

活动 2　生活科普进社区：天地"粮"心　粒粒皆有情　*057*

主题八　志愿劳动践行奉献精神　*060*

活动 1　志愿讲解：饮酒之道　理性有度　*060*

活动 2　电商直播：公益直播助农　助力乡村振兴　*063*

主题九　社会实践培养服务意识　*066*

活动 1　"三下乡"社会实践活动：坚定不移跟党走　时代使命勇担当　*066*

活动 2　专题社会调查："强国有我　青春有为"美丽中国建设专题社会调查　*070*

主题一　兴趣爱好陶冶生活情操

活动 1　花艺：插花手作　献爱母亲

"慈母手中线，游子身上衣。临行密密缝，意恐迟迟归。谁言寸草心，报得三春晖。"唐代诗人孟郊的《游子吟》是我们孩童时就会背诵的诗。这首诗表现的深深母爱唤起了天下无数儿女的共鸣。母爱平凡而伟大，让我们自己动手制作一个手提花篮，献给亲爱的母亲吧。我们要认真思考每朵花的花语、颜色，用心选择每朵花，结合点线面巧妙搭配花材，让一朵朵花组成小小的"花海"，呈现出爱的诗情"花"意吧。

一、活动目标

知识目标： 熟悉花材的特性及花语。

能力目标： 掌握手提花篮的制作方法及养护管理流程。

素养目标： 培养欣赏美、创造美的能力；培养热爱生活、热爱自然、懂得感恩的人生态度；养成良好的劳动纪律意识。

二、活动实施

（一）劳动准备

1. 实践场地：花艺实训室。
2. 劳动材料：花材、花篮、花泥、修枝剪、花泥刀、玻璃纸、铁丝、彩纸等。
3. 相关资料：插花的造型、插花色彩搭配等方面的资料。

（二）劳动过程

请根据任务规划劳动步骤。劳动过程中请注意遵守劳动规范、维护劳动秩序。参考步骤具体如下。

步骤一　花材处理：对花材的枝叶进行修剪；花朵开放程度不足的，采用揉捏法使花瓣开展。

注意：修剪时去除黄叶，对枝条进行剪裁；揉捏时不要选择较大的花材，要注意力度。

步骤二　固定花泥：在花篮底部铺一层玻璃纸来防止花泥吸水之后向下漏水，用铁丝或者线绳将花泥绑扎固定,修整花泥,并将其放入花篮。

  注意:玻璃纸要略大于花篮底部;要从花篮中心位置给花泥注水,不要往花头喷水,否则会减少鲜花寿命。

  步骤三 花材插序:选材、插摆花、插衬景叶。插花后将花叶调整成自己喜欢的形状。

  注意:要先插花后插叶;插花时花茎插入花泥里的部分大约 2 cm。

  步骤四 检查花篮:检查花泥和玻璃纸有没有露出,尤其是底部。在花篮中补充一些叶子、果实等,使它更富有情趣。

  注意:注意保持花篮的弧度和层次感。

  步骤五 清理现场:整理多余的花材,清理花材垃圾。

  注意:垃圾按规定分别处理;带刺的花枝及其残枝是危险的,要剪成适当的长度,用报纸等包裹处理后再丢弃。

  步骤六 制作标签:为手提花篮起名字,并设计祝福语。用彩纸设计标签,将自己的名字和祝福语写在标签上。

  注意:可根据需要在篮边、提手等部位进行装饰。

三、交流分享

  和同学交流分享以下内容,并将自己的内容记录下来、展示出来。

(1)手提花篮的名字:_____

(2)祝福语:_____

(3)成果展示:

花篮插花的照片

四、反思提高

反思项目	反思内容	反思结果（请在合适的选项里打钩或者用文字表述）		
劳动参与	1. 是否喜欢参加这次劳动	喜欢□	不喜欢□	无所谓□
	2. 本次劳动对你来说是否有难度或者有挑战性	有□	没有□	
	3. 你遇到的困难、挑战有哪些			
	4. 在这次劳动中，你的哪些优势得到了发挥			
	5. 活动中的劳动工具，你使用得是否得心应手？哪些工具你尚未熟练掌握	是□	否□：_____	
	6. 你使用了什么方法来提高劳动效率	未使用□	使用了□：_____	
	7. 通过这次劳动，你在哪些方面得到了提升			
探索创新	1. 在劳动过程中，你觉得还可以通过改进哪些工具来提升效果？如何改进			
	2. 你觉得还可以创新使用哪些方法			
其他	你对本次劳动有哪些建议			

五、活动拓展

请同学们根据本次实践活动所学和家人一起开展插花活动，并用视频进行记录和展示。

… 主题一 兴趣爱好陶冶生活情操

主题一　兴趣爱好陶冶生活情操

活动 2　茶艺：以茶传情　感恩父爱

> 父爱如茶，内敛又深沉醇厚；父爱如茶，细品味，甘甜生；父爱如茶，可能微涩，但一定回味悠长。他不张扬，也不离去，在我们追寻心中的梦想道路上，总会给我们温暖的鼓励和支持，用双手为我们撑起一片天空。同学们，让我们开启一趟"茶文化体验"之旅，学茶道，习礼仪，敬父亲！

一、活动目标

知识目标： 掌握一定的茶知识，了解中国的茶文化，知晓茶道礼仪。

能力目标： 能够分辨茶叶的类别，掌握基本的茶叶冲泡方法，提高动手能力及礼仪修养。

素养目标： 培养对茶的兴趣，培养茶艺美学意识和茶道礼仪观念；通过泡茶、奉茶知礼仪、懂感恩。

二、活动实施

（一）劳动准备

1. 实践场地：茶艺实训室。
2. 劳动材料：茶壶、盖碗、茶杯、茶盅、茶洗等。
3. 相关资料：茶文化历史、茶叶分类、茶具知识、茶艺基本技法等方面的资料。

（二）劳动过程

请根据任务规划劳动步骤。劳动过程中请注意遵守劳动规范、维护劳动秩序。参考步骤具体如下。

步骤一　选择茶叶：选择本次活动中要冲泡的茶叶，可选绿茶、红茶、白茶等。

注意：感受不同种类茶叶的香气，并选择本次活动中要冲泡的茶叶。

步骤二　认识茶具：泡茶的茶具有茶壶和盖碗两种，冲泡茶叶时应注重茶的韵味，可根据实际情况选用茶壶或盖碗。

注意：冲泡不同的茶叶需选取不同的茶具。

步骤三　选择泡茶用水：软水（净化处理后的雨水、露水、雪水）属于纯净水，是理想的泡茶用水。

注意：若要使用硬水（河水、湖水、井水）沏茶，可将其适当软化后再用于冲泡。

步骤四　温杯：用100度的开水对泡茶器皿（紫砂壶、盖碗、茶杯等）进行冲洗。

注意：用热水冲淋茶壶或盖碗，同时冲淋茶杯，随后将茶具沥干。

步骤五　置茶：等待茶杯温热的同时，将一定数量的干茶置入盖碗或茶壶，以备冲泡。

注意：投茶量视所冲泡的茶类与个人的口味而定。

步骤六　高冲：将热水注入盖碗或茶壶，使茶叶上下翻滚散开。

注意：冲泡茶叶需高提水壶，水自高点下注。

步骤七　低泡：将泡好的茶斟入茶盅，出水口应较低，与茶盅的距离以近为佳。

注意：一般将第一泡茶汤与第二泡茶汤在茶盅内混合，效果更佳。

步骤八　奉茶：将茶盅中的茶水倒入茶杯，至约七分满处。将茶杯端放在奉茶盘上，用奉茶盘送至客人面前，行礼，说"请喝茶"。

注意：奉茶时须依长幼次序奉于客前。

步骤九　闻香：品茶前先观其色，后闻其香，进而品其口感。

注意：刚泡出的一冲茶，要趁热闻香。

步骤十　品茶：喝茶的时候以拇指、食指捏住茶杯边缘，中指托底执杯。

注意：一杯茶须分三口品尝，感受热茶、温茶与冷茶的滋味。

三、交流分享

和同学交流分享以下内容，并将自己的内容记录下来、展示出来。

（1）请用一句话来描述茶：_____

（2）如果把父爱比作茶，你怎么描述它？_____

（3）成果展示：

茶艺过程拍摄的照片

主题一　兴趣爱好陶冶生活情操

四、反思提高

反思项目	反思内容	反思结果（请在合适的选项里打钩或者用文字表述）		
劳动参与	1. 是否喜欢参加这次劳动	喜欢□	不喜欢□	无所谓□
	2. 本次劳动对你来说是否有难度或者有挑战性	有□	没有□	
	3. 你遇到的困难、挑战有哪些			
	4. 在这次劳动中，你的哪些优势得到了发挥			
	5. 活动中的劳动工具，你使用得是否得心应手？哪些工具你尚未熟练掌握	是□	否□：_____	
	6. 你使用了什么方法来提高劳动效率	未使用□	使用了□：_____	
	7. 通过这次劳动，你在哪些方面得到了提升			
探索创新	1. 在劳动过程中，你觉得还可以通过改进哪些工具来提升效果？如何改进			
	2. 你觉得还可以创新使用哪些方法			
其他	你对本次劳动有哪些建议			

五、活动拓展

请同学们在"父亲节"时亲手泡制香茗，为父亲奉上一杯热茶，道一句："爸爸，您辛苦了"，并陪他一起细品茗香，共话家常，增添亲子间的默契和感情。请以视频方式进行记录和展示。

主题一　兴趣爱好陶冶生活情操

活动 3　创意手工制作：陶艺减压　舒心释怀

> 在生活与学习中不可避免地存在各种各样的压力。在压力面前我们不能手忙脚乱，也不能逃避，而是要学会主动调整心态与排解压力。陶艺是"陶瓷艺术"的简称，陶艺不仅是一门手工技艺，也是一种受欢迎的减压方式。同学们，让我们一起来制作陶艺水杯，抛开压力与烦恼，体验陶艺的精彩与乐趣！

一、活动目标

知识目标： 了解陶艺文化知识；了解陶艺工具、材料的用途。

能力目标： 掌握陶艺水杯的制作方法；提高动手能力和实践创新能力。

素养目标： 自主调适心情，释放压力，提高审美能力。

二、活动实施

（一）劳动准备

1. 实践场地：陶艺实训室。
2. 劳动材料：陶泥、碾棍、木条、刮刀、修形刀等。
3. 相关资料：陶艺的基本特点、陶艺的历史和价值、陶艺的制作过程等方面的资料。

（二）劳动过程

请根据任务规划劳动步骤。劳动过程中请注意遵守劳动规范、维护劳动秩序。参考步骤具体如下。

步骤一　定中心：选取鸡蛋大小的陶泥，拍打挤压成圆球状。用大拇指找中心，边转动泥球边垂直下压，捏出杯子中空部分。

注意：揉陶泥时左右手掌配合用力使其形成球形，使泥均匀无气泡。注意适度用力，不要把底部戳破。

步骤二　开洞：从底部开始，用拇指、中指、食指相互配合着匀速转动，依次捏出杯底、杯壁、杯口。

主题一　兴趣爱好陶冶生活情操

注意：不要将杯口往外扩得太多。要做到厚薄均匀，口沿平整。

步骤三　口部修整：修口的方法有很多种，可以使用指压法，即用一只手的拇指和中指轻轻夹住口沿壁，食指轻轻压口沿，慢慢修整，让口沿平整、厚薄适宜；也可以用修形刀修平整。

注意：用海绵蘸水轻擦杯口，使其平整。

步骤四　制作底座：搓出粗细均匀的泥条，绕成底部大小的圆圈，用刮板切掉多余的泥，涂抹上泥浆，将其贴在底部。

注意：可以在接缝处适当添加泥条，以防止开裂。

步骤五　安装把手：搓一个小泥条，将其弯成弧形，用刮板切掉多余的泥，将其粘至杯壁，做成杯子把手。

注意：安装把手时可以用泥条加固，使其无缝衔接。

步骤六　修平：用工具把边缘处理平整，表面抹一点水，使其更光滑。

注意：用湿海绵擦拭杯子直至表面光滑，且没有突出的泥点。

步骤七　上色：根据需要沿一个方向将颜料涂抹均匀，直至将设计区域涂满。

注意：在颜料中加点水稀释一下，在杯表多涂几遍使颜色均匀。每涂一层颜料后都要先待颜料干透，然后再涂下一层，这样上色会比较均匀。

步骤八　烧制：将水杯放入窑内进行烧制，使其固化并硬化。

注意：在烧制过程中，需要控制温度和氧气量，以保证水杯在烧制过程中不会变形或爆裂。

三、交流分享

和同学交流分享以下内容，并将自己的内容记录下来、展示出来。

（1）刻在水杯上的一句话：_____

（2）对自己水杯的形象进行描述：_____

（3）成果展示：

陶艺水杯作品的照片

四、反思提高

反思项目	反思内容	反思结果（请在合适的选项里打钩或者用文字表述）		
劳动参与	1. 是否喜欢参加这次劳动	喜欢□	不喜欢□	无所谓□
	2. 本次劳动对你来说是否有难度或者有挑战性	有□	没有□	
	3. 你遇到的困难、挑战有哪些			
	4. 在这次劳动中，你的哪些优势得到了发挥			
	5. 活动中的劳动工具，你使用得是否得心应手？哪些工具你尚未熟练掌握	是□	否□：_____	
	6. 你使用了什么方法来提高劳动效率	未使用□	使用了□：_____	
	7. 通过这次劳动，你在哪些方面得到了提升			
探索创新	1. 在劳动过程中，你觉得还可以通过改进哪些工具来提升效果？如何改进			
	2. 你觉得还可以创新使用哪些方法			
其他	你对本次劳动有哪些建议			

五、活动拓展

请同学们根据本次实践活动所学举办一次"我型我塑"陶艺创意设计大赛，邀请相关专业的同学和老师进行评选，为同学们提供一个锻炼创新能力、展示自我风采的舞台，看看谁的作品最有创意。请以视频方式进行记录和展示。

主题二　日常劳动练就生活技能

活动1　收纳整理："智"整理"慧"收纳　习惯能力双收获

> "播下一个行为，收获一种习惯；播下一个习惯，收获一种性格；播下一种性格，收获一种命运。"我们一生工作的成效，无论精巧还是粗劣，都由习惯养成。对同学们而言，养成良好的习惯是至关重要的。"收纳整理"是同学们每天都在做的事情，看似简单的整理活动，却蕴含着丰富的学习契机。同学们，让我们一起开展收纳整理行动，来一次"衣柜大作战"，培养良好习惯吧。

一、活动目标

知识目标：了解物品整理与收纳的方法和安全常识。

能力目标：培养劳动筹划思维能力，掌握整理收纳物品的基础方法；能运用整理收纳方法，及时分类、整理与收纳生活物品，发挥物品的效能。

素养目标：养成良好的生活习惯，做事有条理、整理有方法、收纳有规律；培养珍惜物品的观念，注重环保和物品的循环利用。

二、活动实施

（一）劳动准备

1. 实践场地：学生宿舍。
2. 劳动材料：衣架、真空压缩袋、收纳盒、防尘袋等。
3. 相关资料：衣柜整理技巧和收纳技巧等方面的资料。

（二）劳动过程

请根据任务规划劳动步骤。劳动过程中请注意遵守劳动规范、维护劳动秩序。参考步骤具体如下。

步骤一　衣柜清理：把衣柜的衣物全部整理出来，根据自己的需求处理不再使用的物品，释放衣柜空间。

注意：对于这些衣物，建议进行以下处理：①有破损或污渍的：扔掉。②陈旧但完整的衣服：

活动1 收纳整理:"智"整理"慧"收纳 习惯能力双收获

捐赠。③1~2年没穿过的衣服:捐赠或转卖。④不合身、款式不合适的衣服:捐赠或转卖。

步骤二 衣柜分区:衣柜空间可以分为上区、中区、下区等不同区域来收纳。①顶部:不方便拿取的上区,用来存放较少使用或大件的物品,如季节性的被子、行李箱。②中部:一般指挂放区和格子区,这里放置经常使用的物品,如包、服装。③底部:一般是抽屉和层板,可以放置收纳箱,用来存放一些小件物品,如丝巾、袜子、鞋垫,这样就可以充分利用每一处空间。

注意:建议把所有衣物拿出来,以方便整理。

步骤三 衣物分类:在收纳时,如果能够根据衣物的种类来分区存放,就能避免换季时翻箱倒柜地寻找,还能节省存放的空间。首先按照毛衣、裤子、裙子、外套、饰品、鞋袜等类别把衣物分好类。接着,把大件的衣物(比如季节性的被子、行李箱、枕头等)放到衣柜顶部。然后,内衣、饰品、鞋袜等衣物可以放到衣柜底部。最后,西装、套装、大衣等大件衣物可以按照长度用衣架挂到挂放区。毛衣等软布料、可折叠的衣物,收纳到衣柜的中部。可以按照衣服的厚度分开放,也可以按照季节将衣物分类收纳。

步骤四 叠放技巧:T恤这类轻薄的衣物可以采用直立叠放的方式,装在收纳盒里,放到中区底部,方便拿取。长裙、大衣、西服、套装以及不适合折叠的衣物以挂表为宜。内衣、饰品、鞋袜等衣物,可卷起来后放入抽屉,只要一拉开抽屉就能找到要穿的衣物,可节省空间,也方便取用。大件的衣物(比如季节性的被子、羽绒服、枕头)可以放进真空压缩袋进行压缩,这样就能大大节省空间。

注意:根据衣物类型,挑选合适的收纳工具和方式将衣物摆放在衣柜中。

步骤五 归位:为衣物确定位置。平常使用时,衣物一旦用完就放回原位。

注意:只要能在平时常抽出时间整理,就可以保持衣柜物品存放整齐。

三、交流分享

和同学交流分享以下内容,并将自己的内容记录下来、展示出来。

(1)请写一个衣柜整理收纳的小妙招:_____

(2)收纳整理的关键是"做减法",你对此怎么看?_____

(3)成果展示:

整理衣柜成果的照片

主题二　日常劳动练就生活技能

四、反思提高

反思项目	反思内容	反思结果（请在合适的选项里打钩或者用文字表述）		
劳动参与	1. 是否喜欢参加这次劳动	喜欢☐	不喜欢☐	无所谓☐
	2. 本次劳动对你来说是否有难度或者有挑战性	有☐	没有☐	
	3. 你遇到的困难、挑战有哪些			
	4. 在这次劳动中，你的哪些优势得到了发挥			
	5. 活动中的劳动工具，你使用得是否得心应手？哪些工具你尚未熟练掌握	是☐	否☐：_____	
	6. 你使用了什么方法来提高劳动效率	未使用☐	使用了☐：_____	
	7. 通过这次劳动，你在哪些方面得到了提升			
探索创新	1. 在劳动过程中，你觉得还可以通过改进哪些工具来提升效果？如何改进			
	2. 你觉得还可以创新使用哪些方法			
其他	你对本次劳动有哪些建议			

五、活动拓展

请同学们根据本次实践活动所学，在假期动员全家人一起进行家庭收纳整理，并制订收纳整理时间规划，分工合作、按时整理，共同打造一个干净、整洁的室内环境。请以视频方式进行记录和展示。

主题二　日常劳动练就生活技能

活动 2　烹饪："烹"然心动　"饪"我做"煮"

> 饺子在我们中国人心中占据着十分重要的地位，在我国很多地区不论是逢年过节还是家有喜事，都会吃饺子庆祝。饺子是中华民族传统美食，小小的饺子把大江南北的千家万户联系在一起。但是，要想吃饺子必须先学会包饺子。同学们，让我们一起来包一顿美味的水饺，尽情享受烹饪的乐趣吧。

一、活动目标

知识目标： 了解饺子的分类，知晓饺子的历史与传统文化。

能力目标： 掌握包饺子的基本技能，探索各种造型饺子的制作方法；培养观察能力、实践能力和创新能力。

素养目标： 培养耐心细致的劳动态度和珍惜粮食的优良品质。

二、活动实施

（一）劳动准备

1. 实践场地：学生食堂。

2. 劳动材料：主料有肉馅（牛肉、胡萝卜），素馅（韭菜、鸡蛋、木耳），饺子粉；辅料有葱、姜、盐、花椒水、酱油、芝麻油等；工具有菜板、擀面杖、盆、盘、碗、勺、筷、面板、菜刀、盖帘、一次性手套等。

3. 相关资料：饺子的历史文化、民俗民情、包饺子的程序和技巧等方面的资料。

（二）劳动过程

制作胡萝卜牛肉和韭菜鸡蛋木耳水饺，可参照以下步骤开展劳动。劳动过程中请注意遵守劳动规范、维护劳动秩序。具体步骤如下。

步骤一　和饺子面：往饺子粉里加入水，并加入少许盐、鸡蛋以增加筋性；将面粉搅拌成面疙瘩并揉成面团；用锅盖或者潮湿的纱布盖住，醒发 30 分钟左右。

注意：和面要用凉水；揉面团时要用力，用手蘸水后反复揉搓，饺子面要调得软一些。

主题二　日常劳动练就生活技能

步骤二　备菜：清洗蔬菜、肉类，将胡萝卜切成丁、牛肉剁成肉馅、葱和姜切成碎末，将木耳、韭菜切碎，将鸡蛋炒熟后切碎备用。

注意：胡萝卜可以先擦丝再切断；牛肉馅要分多次加入花椒水，并搅拌均匀；韭菜切好后要先倒入少许食用油并搅拌均匀；鸡蛋要打散后再炒熟；黑木耳需提前泡发洗净。

步骤三　调馅：①制作胡萝卜牛肉馅。将胡萝卜丁加入牛肉馅中搅拌，加入盐、葱末调味，加入生抽或蚝油提鲜，加入老抽调色，再加花生油搅拌均匀，使其腌制入味，最后加入芝麻油调香。②制作韭菜鸡蛋木耳馅。将切好的韭菜碎、鸡蛋碎、木耳碎混合，加一点盐、芝麻油和生抽，用筷子沿一个方向搅拌均匀。

注意：搅拌馅料时，以画圈搅拌没有阻力为宜，确保馅料不至于太干。

步骤四　做饺子皮：从醒好的大面团上切下一块小面团并搓成长条，用刀切或用手揪成若干个大小均匀的小剂子。在面剂子上撒上饺子粉并用手掌心垂直摁下，使其形成圆形的面剂子。取一个面剂子，撒少许饺子粉，用擀面杖来回擀，将圆剂子擀成圆形的面皮。

注意：擀饺子皮时，须擀得中间厚一点、外面薄一点。

步骤五　包饺子：放入适量的馅料，对折，将两侧饺子皮的中间捏紧。中间右侧部分，用右手的虎口部位将它向中间部分夹紧。中间左侧部分，用左手的虎口部位将它向中间部分夹紧。

注意：操作不熟练时放馅料不能过多；饺子皮边缘要捏紧，不致露馅。

步骤六　煮饺子：等水煮到冒泡时将饺子放入锅中，开大火煮20～30秒后，在锅中放入一勺食盐和一勺食用油，当锅中的水煮到沸腾时，往锅中点一次冷水，待再度沸腾时再点一次，之后再重复一次，共点三次冷水，直到将饺子煮到完全浮起即可从锅中捞出食用。

注意：煮肉馅饺子要点三次凉水；煮素馅饺子点两次凉水就可以。

步骤七　调制蘸料：将蒜蓉、辣椒面、花椒面、白芝麻放在碗底。油烧热后泼在碗里并迅速搅拌，接着淋入生抽、香醋，洒入盐、白糖、香菜、花生米，搅拌即成。

注意：大蒜捣成蒜蓉更入味。

三、交流分享

和同学交流分享以下内容，并将自己的内容记录下来、展示出来。

（1）你学会的几种包饺子的方法：_____

（2）关于包饺子活动的感想：_____

（3）成果展示：

活动2 烹饪:"烹"然心动 "饪"我做"煮"

包饺子的照片

四、反思提高

反思项目	反思内容	反思结果(请在合适的选项里打钩或者用文字表述)		
劳动参与	1. 是否喜欢参加这次劳动	喜欢□	不喜欢□	无所谓□
	2. 本次劳动对你来说是否有难度或者有挑战性	有□	没有□	
	3. 你遇到的困难、挑战有哪些			
	4. 在这次劳动中,你的哪些优势得到了发挥			
	5. 活动中的劳动工具,你使用得是否得心应手?哪些工具你尚未熟练掌握	是□	否□:_____	
	6. 你使用了什么方法来提高劳动效率	未使用□	使用了□:_____	
	7. 通过这次劳动,你在哪些方面得到了提升			

主题二　日常劳动练就生活技能

续表

反思项目	反思内容	反思结果（请在合适的选项里打钩或者用文字表述）
探索创新	1. 在劳动过程中，你觉得还可以通过改进哪些工具来提升效果？如何改进	
	2. 你觉得还可以创新使用哪些方法	
其他	你对本次劳动有哪些建议	

五、活动拓展

　　圆圆的饺子，象征着团圆、喜庆。请同学们在新年期间的家庭聚会上大显身手，为家人包一顿饺子，并在此过程中分享生活的点滴趣事，体会共度团圆时光的乐趣。请以视频方式进行记录和展示。

主题二　日常劳动练就生活技能

活动 3　烘焙："烘"享幸福　"焙"感快乐

> 奶油蛋糕是许多人都钟爱的美食，香甜软糯，入口即化，让人不知不觉地沉醉在味蕾的"盛宴"里。为丰富校园文化生活，培养同学们的动手、实践、创新能力，同时让更多的人了解蛋糕制作的乐趣，让我们来举办一场"烘焙奶油蛋糕"活动吧，以奶油为画笔，用水果做点缀，一起开启探索蛋糕的奥秘之旅。

一、活动目标

知识目标： 了解蛋糕的制作方法和原料。

能力目标： 掌握蛋糕的制作步骤和技巧；提高动手操作能力、生活实践能力和创造能力。

素养目标： 感受烘焙的魅力，体验制作蛋糕的乐趣；形成热爱生活、热爱劳动的态度。

二、活动实施

（一）劳动准备

1. 实践场地：烘焙室。
2. 劳动材料：鸡蛋、低筋面粉、牛奶、白砂糖、奶油、玉米油、裱花袋、水果等。
3. 相关资料：制作奶油蛋糕的程序和技巧等方面的资料。

（二）劳动过程

请根据任务规划劳动步骤。劳动过程中请注意遵守劳动规范、维护劳动秩序。参考步骤具体如下。

步骤一　制作蛋黄糊： 准备适量的鸡蛋并将它们的蛋清、蛋黄分开，然后将玉米油、纯牛奶分别倒入搅拌过的蛋黄，使其混合均匀，再将筛过的低筋面粉倒入蛋液，搅拌均匀，做成细腻、有流动性且顺滑的面糊，放到一边备用。

注意：若无低筋面粉，可以用普通面粉和玉米淀粉以 8∶2 或 7∶3 的比例来调配。

步骤二　打发蛋清： 把分离好的蛋清，放在一个无水无油的大碗里，加入食盐，滴入几滴白醋（若有柠檬汁，最好滴入几滴柠檬汁），放入白砂糖，用电动打蛋器打发。先用低档打发，

主题二　日常劳动练就生活技能

打发至白砂糖融化、蛋白出现气泡再用高档打发,打发至蛋白膨大即可。

注意：打发好的蛋清洁白,状如泡沫,拉起打蛋器,可以看到短小直立的尖角即可。

步骤三　制作蛋糕糊：取一半的打发蛋清放到蛋黄糊里,从上往下翻拌均匀,之后把剩下的一半打发蛋清也放进去,继续从上往下翻拌均匀,蛋糕糊就做好了。

注意：一定要左右翻拌,不能顺着一个方向搅拌。

步骤四　倒入模具：翻拌好后,取一个蛋糕模具,把拌好的面糊倒在里面,端起模具震几下,震出里面的气泡。

注意：蛋糕糊呈现细腻不消泡状态就可以了。

步骤五　烤制蛋糕：将蛋糕模具放入烤箱,将烤箱温度设置为145度,将时长设置为65分钟进行烤制。烤好以后取出蛋糕,脱模倒扣在晾网上散热。

注意：烤制完成后一定要倒扣在蛋糕架上,等其彻底冷却之后再脱模,以免蛋糕塌腰。

步骤六　奶油裱花：取一个干净无油无水的搅拌盆,先放上适量淡奶油,加糖粉,用电动打蛋器打发到至浓稠状态并定型。裱花袋里装上花嘴,把打好的奶油放进裱花袋里。

注意：若奶油使用的是动物淡奶油,那必须加糖。

步骤七　装饰蛋糕：首先将蛋糕拦腰切开,分成两层,一层用裱花袋以转圈形式将奶油挤在蛋糕上,再铺上切好的水果；接着用裱花袋继续在水果上挤一层奶油,并将另一片蛋糕盖在奶油上；然后在蛋糕的上面和侧边,全都以转圈形式挤满奶油并修整平整；最后用裱花袋和水果在蛋糕表面做装饰即可。

注意：如果气温较高,做好的蛋糕须放到冰箱里冷藏。

三、交流分享

和同学交流分享以下内容,并将自己的内容记录下来、展示出来。

（1）为蛋糕起个好听的名字：_____

（2）蛋糕上的祝福语：_____

（3）成果展示：

制作蛋糕的照片

活动3 烘焙:"烘"享幸福 "焙"感快乐

四、反思提高

反思项目	反思内容	反思结果(请在合适的选项里打钩或者用文字表述)		
劳动参与	1. 是否喜欢参加这次劳动	喜欢□	不喜欢□	无所谓□
	2. 本次劳动对你来说是否有难度或者有挑战性	有□	没有□	
	3. 你遇到的困难、挑战有哪些			
	4. 在这次劳动中,你的哪些优势得到了发挥			
	5. 活动中的劳动工具,你使用得是否得心应手?哪些工具你尚未熟练掌握	是□	否□:_____	
	6. 你使用了什么方法来提高劳动效率	未使用□	使用了□:_____	
	7. 通过这次劳动,你在哪些方面得到了提升			
探索创新	1. 在劳动过程中,你觉得还可以通过改进哪些工具来提升效果?如何改进			
	2. 你觉得还可以创新使用哪些方法			
其他	你对本次劳动有哪些建议			

五、活动拓展

请同学们根据本次实践活动所学,尝试着为自己关心的人动手制作一个蛋糕,可以为亲人,也可以为同学、朋友。请静下心来认真准备,并将蛋糕作为惊喜的小礼物送给他们,表达对他们的关心与爱。请以视频方式进行记录和展示。

主题二　日常劳动练就生活技能

活动 4　汽车清洁：爱心洗车　情暖校园

> 为弘扬"奉献、友爱、互助、进步"的精神，提高大学生的动手实践能力，请同学们在校园开展一场"洗车，只为您欢颜"义务洗车志愿服务活动，为全校教师们义务清洗爱车。通过此次洗车活动，以实际行动向爱岗敬业、无私奉献的老师们致以诚挚的谢意。

一、活动目标

知识目标： 了解洗车的基本常识，认识各种洗车用具。

能力目标： 熟悉洗车用具的使用方法，掌握洗车的基本步骤和注意事项。

素养目标： 培养认真负责的工作态度，树立团结友爱、尊敬师长的精神。

二、活动实施

（一）劳动准备

1. 实践场地：校园洗车服务点。
2. 劳动材料：刷子、大吸水毛巾、洗车液、高压水枪、擦车布、车内吸尘器等。
3. 相关资料：洗车步骤、注意事项等方面的资料。

（二）劳动过程

请根据任务规划劳动步骤。劳动过程中请注意遵守劳动规范、维护劳动秩序。参考步骤具体如下。

步骤一　冲洗泥沙： 用高压水枪清洗时，水流尽量调整为扇形，从上到下将泥沙从车身表面冲掉，然后再清洗车的后部，最后洗下部。要注意将车轮和制动盘、翼子板之间所沾的泥巴冲洗干净。

注意：单靠水枪冲洗，车辆是很难完全洗干净的，只能把比较大的泥沙和尘土冲掉。如果需要冲洗脚垫，可以将脚垫取出冲洗，然后控水风干。

步骤二　喷洒泡沫： 将洗车液均匀地泼洒在车身之上，然后将洗车液擦拭均匀。

注意：喷洒洗车泡沫后等待几秒钟，待车身顽固污渍松动后再进行清洗。

步骤三　擦拭车身：用条形擦车布将车身擦拭一遍，然后使用高压水枪将车冲洗干净。

注意：擦完泡沫之后的冲洗应该比第一次的冲洗更加仔细，因为车身上的尘土已经和车体分离，把泡沫全都清洗干净，可以达到更好的清洗效果。

步骤四　清除污渍：仔细清除车身上仍旧残留的一些污渍。在冲洗泡沫时用擦车布细致地擦洗车身。

注意：不要尝试使用高压水枪冲掉残留的污渍，采用将高压水枪靠近车身以增加压力的方法冲洗，不一定能冲掉污渍，且还容易损伤车漆。

步骤五　擦干车身：用清水将洗车液全部清洗干净后，使用擦车布将车身擦干。建议先擦车上的玻璃，擦完玻璃后分区擦拭，由上至下将车身擦干。

注意：擦拭车辆前应保证擦车布的清洁，并针对不同车身部位，使用专用的擦车布或大吸水毛巾。在擦拭过程中也要保持清洁，避免夹杂硬物，造成车辆划痕损伤。

步骤六　车内吸尘及擦拭：擦干净内饰，用车内吸尘器对地板、座椅、车内各缝隙及后备箱进行深度清洁。

注意：清理空调出口处灰尘时可开启热循环以保持干燥空调内部，避免空调内部因潮湿发霉而产生异味。

步骤七　全车检查：绕车一周，检查尚未清洁干净的地方，及时规整。

注意：对于难以清洁的地方，要及时提醒车主做深度清洁及护理。

四、交流分享

和同学交流分享以下内容，并将自己的内容记录下来、展示出来。

（1）洗车创意宣传标语：_____

（2）说一个学到的洗车小窍门：_____

（3）成果展示：

汽车清洗过程的照片

主题二　日常劳动练就生活技能

四、反思提高

反思项目	反思内容	反思结果（请在合适的选项里打钩或者用文字表述）		
劳动参与	1. 是否喜欢参加这次劳动	喜欢□	不喜欢□	无所谓□
	2. 本次劳动对你来说是否有难度或者有挑战性	有□	没有□	
	3. 你遇到的困难、挑战有哪些			
	4. 在这次劳动中，你的哪些优势得到了发挥			
	5. 活动中的劳动工具，你使用得是否得心应手？哪些工具你尚未熟练掌握	是□	否□：_____	
	6. 你使用了什么方法来提高劳动效率	未使用□	使用了□：_____	
	7. 通过这次劳动，你在哪些方面得到了提升			
探索创新	1. 在劳动过程中，你觉得还可以通过改进哪些工具来提升效果？如何改进			
	2. 你觉得还可以创新使用哪些方法			
其他	你对本次劳动有哪些建议			

五、活动拓展

请同学们根据本次实践活动所学，为邻居家做一次汽车清洁，并在此过程中向邻居介绍一些汽车清洁与养护的知识与技巧，营造温馨和谐的邻里关系。请以视频方式进行记录和展示。

活动1 "文明寝室"创建：营一室馨香 创"文明寝室"

主题三 校园劳动强化劳动意识

活动1 "文明寝室"创建：营一室馨香 创"文明寝室"

> 寝室是大家生活的港湾，也是校园文化的窗口，是大学生交流最为频繁的场所，也是每位同学的"小家"。所以，打造健康文明的寝室文化，创建一个安全舒适的寝室环境，是同学们共同的责任与义务。让我们来开展一场"文明寝室"创建评比活动，共同构建和谐家园吧。

一、活动目标

知识目标： 了解文明寝室创建标准及基本要求，懂得文明寝室创建的意义。

能力目标： 掌握寝室清洁的方法和技巧；锻炼团队合作分工能力。

素养目标： 养成维持寝室清洁的良好习惯；树立互助、共荣的团队意识；形成健康向上、团结友爱的宿舍文化氛围。

二、活动实施

（一）劳动准备

1. 实践场地：寝室。
2. 劳动材料：扫帚、抹布、拖把、簸箕、垃圾袋、钢丝球、塑胶手套等。
3. 相关资料：文明寝室评选标准及卫生打扫注意事项等方面的资料。

（二）劳动过程

请根据任务规划劳动步骤。劳动过程中请注意遵守劳动规范、维护劳动秩序。参考步骤具体如下。

步骤一 集中学习：集中学习宿舍管理规章制度和行为规范，熟悉文明寝室评比制度、宿舍卫生检查制度等相关规定。

注意：需重点强调安全事项，例如电气设备打扫前要全部断电，避免发生安全事故。

步骤二 计划分工：各成员以宿舍为单位研究确定劳动目标，根据宿舍成员的个人特点确定劳动分工。

主题三　校园劳动强化劳动意识

注意：宿舍成员仔细阅读文明寝室评选的相关通知并进行讨论。

步骤三　清洁整理：按照从上到下（先打扫天花板，再打扫墙壁，最后收拾地面），先粗后细（先清扫，再擦拭，最后整理），先内后外（先完成衣柜、衣箱内部的整理，再整理柜子、箱子外摆放的物品）原则进行清洁整理。清理天花板和墙面时注意安全做好个人防护，按照从上到下的次序用扫帚清扫灰尘，然后用干布进行擦拭。清理地板时先扫掉大块的垃圾，然后再拖地，注意干湿拖把交替使用。清理门窗的玻璃时，先用湿毛巾擦拭，再用报纸擦干。用棉签或者牙签蘸一点清洁剂即可清理门缝里的污渍灰尘。清理卫生间靠近地面的墙边的污垢时，用装有洁厕灵的喷壶对着污垢由上至下反复喷洒，等待10分钟后用刷子进行清理。清洁马桶时可以直接往下水道或有污渍的部位倒入适量的除垢剂，静待30～50分钟后再用适量的温水冲洗或用马桶刷清洗。用白醋加一点洗衣粉可以去除洗漱台池壁上的污渍。阳台用拖把或者抹布清理，空调外部机壳表面的灰尘用干抹布擦除。箱子、柜子里的衣物按季节分类，折叠好并按颜色分开放置。桌面等用干湿抹布分别擦拭，床被、漱具、鞋子、箱子等物品摆放整齐。

注意：打扫前先用手机拍照记录现状。对宿舍进行清洁时要做到"四净四无"，即地板扫得净，地板拖得净，门窗、玻璃、墙壁、桌椅等擦得净，卫生间等冲得净；室内及室外走廊无垃圾、无污渍、无蜘蛛网、无死角。宿舍内的空调等电器，按照相应的清洁方法进行清洁。

步骤四　宿舍美化：打扫整理完毕后，根据事先设计好的美化方案进行美化。

注意：可按照主题美化寝室，传递寝室文化。

步骤五　收拾清理：将垃圾集中运送至垃圾桶并将劳动工具摆放到指定位置。

注意：清运干净，没有遗漏；工具摆放整齐。

三、交流分享

和同学交流分享以下内容，并将自己的内容记录下来、展示出来。

（1）根据寝室特点为自己的寝室起名字：_____

（2）寝室标志设计：_____

（3）成果展示：

清扫整理前后的照片对比

四、反思提高

反思项目	反思内容	反思结果（请在合适的选项里打钩或者用文字表述）		
劳动参与	1. 是否喜欢参加这次劳动	喜欢□	不喜欢□	无所谓□
	2. 本次劳动对你来说是否有难度或者有挑战性	有□	没有□	
	3. 你遇到的困难、挑战有哪些			
	4. 在这次劳动中，你的哪些优势得到了发挥			
	5. 活动中的劳动工具，你使用得是否得心应手？哪些工具你尚未熟练掌握	是□	否□：_____	
	6. 你使用了什么方法来提高劳动效率	未使用□	使用了□：_____	
	7. 通过这次劳动，你在哪些方面得到了提升			
探索创新	1. 在劳动过程中，你觉得还可以通过改进哪些工具来提升效果？如何改进			
	2. 你觉得还可以创新使用哪些方法			
其他	你对本次劳动有哪些建议			

五、活动拓展

请同学们根据本次实践活动所学，以寝室为单位商讨制订"28 天寝室保持计划"，分工合作，严守纪律，保持良好的生活卫生习惯，着力寝室文化建设，培养"宿舍是我家，维护靠大家"意识。请以 PPT 或者视频方式进行记录和展示。

主题三　校园劳动强化劳动意识

活动 2　教学场所保洁：我为学校做实事　清扫教室创新风

> 教室是我们学习的重要场所。教室环境卫生的好坏直接影响着教学效果。整洁干净的教室面貌，不仅可为师生提供清新雅致的环境，而且也对学生的品格修养起到潜移默化的作用。为营造干净、温馨、和谐的校园环境，引导同学们养成良好的卫生习惯，让我们来开展一场"教室卫生大扫除活动"吧。

一、活动目标

知识目标： 了解教室卫生管理制度。
能力目标： 掌握教室中各个卫生区域打扫的步骤和方法，熟练使用常见清洁工具。
素养目标： 养成良好卫生习惯，营造整洁学习环境。

二、活动实施

（一）劳动准备

1. 实践场地：教室。
2. 劳动材料：扫帚、抹布、拖把、簸箕、水桶、刷子、钢丝球、塑胶手套等。
3. 相关资料：教室卫生检查标准以及卫生打扫注意事项。

（二）劳动过程

请根据任务规划劳动步骤。劳动过程中请注意遵守劳动规范、维护劳动秩序。参考步骤具体如下。

步骤一　召开会议：召开班级会议，讲清本次活动的意义和注意事项。划分大扫除区域并分组布置任务。

注意：根据教室清洁标准分组讨论教室如何进行大扫除。

步骤二　教室清洁：在保证安全的前提下用扫帚清除蜘蛛网，用钢丝球擦除污渍，用干抹布擦拭墙面电源盒、开关面板。擦干净黑板，清理黑板槽的灰尘和粉笔灰。若黑板中嵌有液晶显示屏，用干抹布以显示屏中心为原点向四周轻轻擦拭。如黑板旁有悬吊电视机，在确保安全的前提下,用干抹布将显示屏、后机壳及吊架等擦拭干净。用刷子将门窗合页和导轨处的灰尘刷出,交替使用湿抹布和干抹布擦拭玻璃。用刷子将讲台、储物柜、桌子抽屉等地方的灰尘刷出,再用抹布擦拭干净。从里到外、从前到后,将地面垃圾清理干净。若发现顽固污渍,用湿钢丝球擦除。

注意:打扫前先用手机拍照记录现状。尽量按照从上到下(先打扫天花板,再打扫墙壁,最后收拾地面),先粗后细(先清扫,再擦拭,最后整理)的原则进行清洁整理。

步骤三 教室整理:先将讲台置于合适的位置,并以此为基准,将课桌纵横交错排列,做到横看一条线、纵看一条线。将凳(椅)置于课桌下方,对教室内其他物品(诸如书籍、文具、水杯)做到整齐有序摆放。用湿抹布将教室内的垃圾桶擦拭后再用干抹布擦干净,如果太脏,须拿到卫生间用清洗剂彻底清洗,然后用干抹布擦拭干净并放置在规定位置。

注意:整理完毕后仔细检查,查漏补缺。

步骤四:全面排查:做好各个角落的安全隐患排查,损坏物品及时报修,确保所有物品能够正常使用。墙面及墙上的张贴物起皮、破损,电源盒、开关面板裂缝、破损,地砖破裂、损伤等都应及时纪录并报修。

注意:整理排查完毕后用手机拍照记录。

三、交流分享

和同学交流分享以下内容,并将自己的内容记录下来、展示出来。

(1)说出一个在实践中总结的清洁整理小妙招:_____

(2)说一下自己看到的在活动中值得表扬的人和事:_____

(3)成果展示:

清扫整理前后的照片对比

主题三　校园劳动强化劳动意识

四、反思提高

反思项目	反思内容	反思结果（请在合适的选项里打钩或者用文字表述）		
劳动参与	1. 是否喜欢参加这次劳动	喜欢□	不喜欢□	无所谓□
	2. 本次劳动对你来说是否有难度或者有挑战性	有□	没有□	
	3. 你遇到的困难、挑战有哪些			
	4. 在这次劳动中，你的哪些优势得到了发挥			
	5. 活动中的劳动工具，你使用得是否得心应手？哪些工具你尚未熟练掌握	是□	否□：_____	
	6. 你使用了什么方法来提高劳动效率	未使用□	使用了□：_____	
	7. 通过这次劳动，你在哪些方面得到了提升			
探索创新	1. 在劳动过程中，你觉得还可以通过改进哪些工具来提升效果？如何改进			
	2. 你觉得还可以创新使用哪些方法			
其他	你对本次劳动有哪些建议			

五、活动拓展

　　为校级运动会的顺利举行创造一个整洁、舒适的环境，请同学们根据实践活动所学开展运动会区域卫生清洁活动，以小组为单位认真清洁每一个角落，确保座位和场地的干净整洁，为参赛运动员和观众提供良好的观赛环境。请以视频方式进行记录和展示。

主题三　校园劳动强化劳动意识

活动3　校园环境保护：净化校园　从我做起

> 干净、整洁的校园环境是学生学习与成长的基石，对提升学习效率、培养良好习惯及促进身心健康至关重要。然而，目前校园环境问题依然存在，如塑料袋污染、噪声污染等。同学们，为创设优美校园环境，让我们开展一场"净化校园 从我做起"校园净化服务实践活动，当好校园环境保护的践行者，传递美化环境的正能量。

一、活动目标

知识目标： 认识校园清洁活动的重要性，了解掌握校园净化的操作规范和基本流程。
能力目标： 能够按照校园净化的规范和流程进行校园清洁，提高动手能力和实践能力。
素养目标： 培养环保意识和责任意识，培养为集体争光的劳动精神。

二、活动实施

（一）劳动准备

1. 实践场地：校园。
2. 劳动材料：扫帚、抹布、拖把、簸箕、水桶、钢丝球、铲刀、拾物夹、垃圾袋、塑胶手套等。
3. 相关资料：校园净化活动的要求和考核标准。

（二）劳动过程

请根据任务规划劳动步骤。劳动过程中请注意遵守劳动规范、维护劳动秩序。参考步骤具体如下。

步骤一　发布倡议：拟定、发布校园净化的倡议书，成立校园净化行动执勤小组。
注意：倡议的内容一定要具体化。

步骤二　分组调查：针对师生们反映的问题，分组调研校园环境中存在的问题并用照片记录。
注意：提前做好信息的收集和处理工作。

主题三　校园劳动强化劳动意识

步骤三：召开会议：讲清本次活动的目标、意义和注意事项。将调研结果向同学展示并制订解决方案。

注意：解决方案要经过全班分析讨论后再确定。

步骤四　清洁行动：用拾物夹、垃圾袋等工具，认真清理散落在教学楼周边、公寓前后、宿舍周边绿化区域的步道角落、石阶缝隙、草丛深处的纸屑等垃圾。仔细地清扫校园里的路面，彻底清扫各种细小的垃圾。用水桶、刷子、小铲子等工具，对宿舍楼的门面、教学楼的墙壁等地方的小广告进行全面清理。

注意：分组、分路段、分区域明确清洁范围，合理安排任务。

步骤五　知识宣传：成立净化宣传小组，制作手抄报、黑板报、海报，向学校全体师生进行宣传，引导师生自觉遵守学校的各种规章制度，自觉维护校园公共设施，传播环保理念，宣传环保行为，强化师生环保意识和能力。

注意：宣传内容要求丰富有趣，富有教育性、启发性和警示性，涉及垃圾分类、环境保护等多方面的知识。

步骤六　调查问卷：发放调查问卷，征询在校师生对校园净化活动的评价。

注意：调查问卷中的相关问题必须清楚、明确，最好采取匿名问卷方式。

三、交流分享

和同学交流分享以下内容，并将自己的内容记录下来、展示出来。

（1）你设计的校园净化活动的宣传语：＿＿＿＿＿＿＿＿＿＿＿＿＿＿＿＿＿＿＿＿

（2）活动需要改善的一个问题：＿＿＿＿＿＿＿＿＿＿＿＿＿＿＿＿＿＿＿＿＿＿

（3）成果展示：

校园净化相关照片

活动3　校园环境保护：净化校园　从我做起

四、反思提高

反思项目	反思内容	反思结果（请在合适的选项里打钩或者用文字表述）		
劳动参与	1. 是否喜欢参加这次劳动	喜欢□	不喜欢□	无所谓□
	2. 本次劳动对你来说是否有难度或者有挑战性	有□	没有□	
	3. 你遇到的困难、挑战有哪些			
	4. 在这次劳动中，你的哪些优势得到了发挥			
	5. 活动中的劳动工具，你使用得是否得心应手？哪些工具你尚未熟练掌握	是□	否□：_____	
	6. 你使用了什么方法来提高劳动效率	未使用□	使用了□：_____	
	7. 通过这次劳动，你在哪些方面得到了提升			
探索创新	1. 在劳动过程中，你觉得还可以通过改进哪些工具来提升效果？如何改进			
	2. 你觉得还可以创新使用哪些方法			
其他	你对本次劳动有哪些建议			

五、活动拓展

为进一步贯彻习近平总书记关于深入开展学雷锋活动的重要指示精神，倡导同学们在生活中学习雷锋精神，请组织开展"雷锋月校园清洁活动"，进行校园卫生清洁和安全隐患排查，将学雷锋的理念真正落实到日常生活与实际行动。请以视频方式进行记录和展示。

主题四　农耕劳作体悟劳动价值

活动1　大田作物种植：春种秋收　感恩自然

粮食，从种到收，数月不止，唯有亲身体会，方知其中艰辛。如今生活条件越来越好，浪费现象也愈发明显，数月辛劳，仅仅一瞬便被浪费。"宁流千滴汗，不坏一粒粮"的传统任何时候都不能丢，人人都要做厉行节约、爱粮节粮的表率。同学们，一粥一饭，当思来处不易，让我们亲手种植玉米，送给自己，感受种植的辛苦和丰收的喜悦。同时，在劳作的过程中，更加敬畏自然，体悟粮食的珍贵，树立节粮爱粮意识。

一、活动目标

知识目标： 了解玉米的生长过程，知晓发展玉米生产的意义。

能力目标： 掌握玉米播种技术、玉米田间管理和收获技术。

素养目标： 树立节约意识，激发爱国情怀；以强农兴农为己任，助力乡村振兴。

二、活动实施

（一）劳动准备

1. 实践场地：校内试验田。
2. 劳动材料：种子、有机肥、化肥、犁、耙、锄头、镰刀、水管等。
3. 相关资料：玉米种植文化历史、玉米种类、玉米种植技术等方面的资料。

（二）劳动过程

请根据任务规划劳动步骤。劳动过程中请注意遵守劳动规范、维护劳动秩序。参考步骤具体如下。

步骤一　选用良种： 选择适合当地环境种植的玉米品种，可选糯玉米或甜玉米。

注意：须根据种植时间（春播、夏播）和水肥条件，选择本次活动种植的玉米品种。

步骤二　整地： 利用犁、耙、锄头等农具对种植地块进行土地平整处理，可根据实际情况选用合适的农具。

注意：平整土地之前，应清除地块上所有的草木杂物和石块。

步骤三　施用基肥：将基肥撒到土壤表层，再次翻耕土地，使基肥和土壤充分混合，随后平整土地。

注意：基肥以有机肥为主、化肥为辅，合理使用氮肥、磷肥、钾肥。

步骤四　播种：根据所选玉米品种确定行距、株距和穴深，使用农具手工挖穴，每穴放置2粒种子，并及时覆土镇压。

注意：镇压要根据墒情而定，土壤湿度过大时，要待表土干后再进行。

步骤五　间苗、定苗：待幼苗长至3～4叶期时进行间苗、定苗，选留壮苗、大苗，去除虫咬苗、病苗和弱苗，确保每穴留1棵苗。

注意：适时间苗、定苗，过晚易形成"高脚苗"。

步骤六　中耕除草：利用短柄手锄疏松行间和苗旁的表土，并清除杂草。

注意：中耕深度不宜过深，以2～4 cm为宜。

步骤七　追肥：到玉米拔节期和大喇叭口期进行2次追肥，在距离植株10～15 cm处深施，并及时覆土。

注意：追肥数量视地力、底肥、苗情等条件而定。

步骤八　灌水：适时适量对种植区域土地进行灌水。

注意：正常年份苗期一般不灌水，玉米穗期后应及时供应水分，但谨防出现田间积水。

步骤九　收获：待玉米籽粒硬化后，以指甲不易掐破为宜，用镰刀进行收获，完成割杆、摘穗等主要工序。

注意：在收获过程中要注意防护，谨防自己受伤。

步骤十　品尝：新鲜玉米清洗干净后冷水下锅，煮制15～20分钟即可出锅，而后食用。

注意：新鲜玉米务必带皮煮制，能够较好地保留玉米的香甜。按需取用，谨防浪费。

三、交流分享

和同学交流分享以下内容，并将自己的内容记录下来、展示出来。

（1）请用一句话描述丰收的喜悦：_____

（2）节约粮食，_____

（3）成果展示：

玉米种植过程照片

主题四　农耕劳作体悟劳动价值

四、反思提高

反思项目	反思内容	反思结果（请在合适的选项里打钩或者用文字表述）		
劳动参与	1. 是否喜欢参加这次劳动	喜欢□	不喜欢□	无所谓□
	2. 本次劳动对你来说是否有难度或者有挑战性	有□	没有□	
	3. 你遇到的困难、挑战有哪些			
	4. 在这次劳动中，你的哪些优势得到了发挥			
	5. 活动中的劳动工具，你使用得是否得心应手？哪些工具你尚未熟练掌握	是□	否□：_____	
	6. 你使用了什么方法来提高劳动效率	未使用□	使用了□：_____	
	7. 通过这次劳动，你在哪些方面得到了提升			
探索创新	1. 在劳动过程中，你觉得还可以通过改进哪些工具来提升效果？如何改进			
	2. 你觉得还可以创新使用哪些方法			
其他	你对本次劳动有哪些建议			

五、活动拓展

请同学们根据本次实践活动所学为父母煮制一锅自己亲手种植的玉米，陪他们一起品尝，并在此过程中一起交流和分享种玉米的心得体会，讨论节约粮食的重要性。请以视频方式进行记录和展示。

主题四　农耕劳作体悟劳动价值

活动2　花卉培植与养护：寄情菊花　感恩敬老

> "待到重阳日，还来就菊花。"在中国传统文化中，九月初九为"重阳节"，有登高、赏菊、戴茱萸等风俗，被赋予祈寿、敬老的文化内涵，也被称为"老年节"。菊花被誉为敬老之花，它高洁隐逸，有着吉祥、长寿的寓意，是花中四君子之一，赠送老人有祝其健康长寿之意。同学们，请大家亲手栽培一盆菊花，"重阳节"时送给爷爷奶奶，表达感恩敬老之意和爱老之情吧。

一、活动目标

知识目标： 了解菊花在传统文化中的特殊意义；了解菊花的生态习性和生长过程。
能力目标： 熟悉菊花的繁殖技术、养护管理技术。
素养目标： 培养欣赏美、创造美的能力；培养热爱劳动、敬畏生命、尊老敬老的人生态度。

二、活动实施

（一）劳动准备

1. 实践场地：校内实训基地。
2. 劳动材料：母株、花盆、盆土、基质、肥料、剪刀、喷壶、土铲等。
3. 相关资料：菊花的种类、植物学特性、生态习性、栽培技术等方面的资料。

（二）劳动过程

请根据任务规划劳动步骤。劳动过程中请注意遵守劳动规范、维护劳动秩序。参考步骤具体如下。

步骤一　品种选择：种植前，要选择适合的菊花品种。
注意：应选择适应当地气候条件的品种。

步骤二　扦插：4月份，将提前准备好的盆土装入花盆；在品系纯正、健壮的母株上采取 $5\sim8\ cm$ 的枝条，保留上部 $2\sim3$ 片叶子，作为插穗；用镊子在土壤上戳上多个 $1\ cm$ 深的小洞，将插穗插入，压实盆土，每盆可扦插10棵左右。温度保持在 $18\sim21\ ℃$，前3天每天傍

主题四　农耕劳作体悟劳动价值

晚浇水 1 次，3 天后隔 2 天浇水 1 次，20 天左右可生根移植成苗。

　　注意：接穗可采用当年新生的、长势强的插条；插后覆盖塑料薄膜保持湿度，防止暴晒。

步骤三　换盆：待根系长至 1.5～2 cm，换盆分栽。将长势良好、无病害的小苗从泥土中挖出，根部保留一点泥土，手托放入新盆，每盆 1～2 株，覆土压实，浇定根水。

　　注意：最好选择傍晚或阴天换盆。盆内施足有机肥，不要让土壤过度湿润，以免烂根。

步骤四　肥水管理：浇湿土壤即可。春季以傍晚为宜，夏季早晚各一次，立秋后适当控水。每 10～15 天追肥 1 次，薄肥勤施，营养生长期以氮肥为主，孕蕾期追施磷肥、钾肥，促使花芽分化。

　　注意：防止因浇水过量而烂根；防止因施肥过量而徒长不开花。

步骤五　光照与温度管理：保证充沛的阳光环境，最适宜生长的温度为 20～25 ℃，将花盆放置在通风向阳的地方。

　　注意：菊花是短日照植物，如果光照太长也会造成植株只长叶不开花。

步骤六　摘心抹芽：当植株有 5～6 片叶片时摘心，促进萌发分枝，以塑造植株理想冠形。孕蕾期，需要抹去顶蕾下小枝上的旁蕾，促进顶蕾发育。在生长过程中，及时剪除残枝。

　　注意：摘心会延长生产周期，可根据菊花采收时间决定是否摘心及摘心时间。菊花的茎脆，易倒伏，可加竹竿、木棍支撑。

步骤七　病虫害防治：主要病虫害有白粉病、褐斑病、蚜虫等。可喷施多菌灵、甲基托布津等。

　　注意：病虫害多由空气湿度大、光照不足、通风不良所致，因此要合理通风、控湿控温。

步骤八　采收：菊蕾 1/3～1/2 开放时采收。

三、交流分享

和同学交流分享以下内容，并将自己的内容记录下来、展示出来。

（1）请写一首赞颂菊花品格的诗句：＿＿＿＿＿＿＿＿＿＿＿＿＿＿＿＿

（2）寄情菊花，重阳敬老，感恩祝福语：＿＿＿＿＿＿＿＿＿＿＿＿＿＿＿＿

（3）成果展示：

菊花种植过程的照片

四、反思提高

反思项目	反思内容	反思结果（请在合适的选项里打钩或者用文字表述）		
劳动参与	1. 是否喜欢参加这次劳动	喜欢□	不喜欢□	无所谓□
	2. 本次劳动对你来说是否有难度或者有挑战性	有□	没有□	
	3. 你遇到的困难、挑战有哪些			
	4. 在这次劳动中，你的哪些优势得到了发挥			
	5. 活动中的劳动工具，你使用得是否得心应手？哪些工具你尚未熟练掌握	是□	否□：_____	
	6. 你使用了什么方法来提高劳动效率	未使用□	使用了□：_____	
	7. 通过这次劳动，你在哪些方面得到了提升			
探索创新	1. 在劳动过程中，你觉得还可以通过改进哪些工具来提升效果？如何改进			
	2. 你觉得还可以创新使用哪些方法			
其他	你对本次劳动有哪些建议			

五、活动拓展

请同学们亲手培植一盆菊花，重阳节时将它作为礼物赠送给敬老院的爷爷奶奶，表达祝福和尊敬之情，并与老人一起养护，感受生命的延续与绽放的美丽。请以视频方式进行记录和展示。

主题五　生产制作涵养匠心品质

活动 1　钳工产品制作：一锯一锉　毫厘必争

> 钳工是机械制造中最传统的金属切削加工技术。19 世纪以后，各种机床的发展和普及虽然使大部分钳工作业实现了机械化和自动化，但至今仍无法用机械化设备全部替代钳工工人。本次活动，让我们亲手制作一个螺母，通过每一锯、每一锉来体会金属器件一丝一毫的变化，通过不断的测量与修正，来获得一个尺寸"分毫不差"的钳工作品，通过认真地制作与反思，让我们在认识上不断升华，在制造中不断精进，把一张张蓝图变为现实精品。

一、活动目标

知识目标：了解六角螺母的加工方法。

能力目标：熟练操作钳工设备与工具，完成锯削、锉削、钻铰孔以及攻丝等工作，达到图纸规定的技术要求。

素养目标：通过钳工作品的制作，培养严谨认真的工作态度，逐步养成精益求精的习惯。

二、活动实施

（一）劳动准备

1. 实践场地：钳工实训场地。

2. 劳动材料：45# 钢料（$\phi 18 \times 9$ mm）、台虎钳、台式钻床、划线平板、90° V 型铁块、$\phi 8.5$ 麻花钻头、各种锉刀、划针、样冲、手锤、毛刷、M10 丝锥、扳手、直尺、高度游标尺、游标卡尺、刀口尺、120° 角度样板等。

3. 相关资料：六角螺母作业指导书。

（二）劳动过程

请根据任务规划劳动步骤。劳动过程中请注意遵守劳动规范、维护劳动秩序。参考步骤具体如下。

步骤一　检查 45# 钢料：擦掉钢料上的机油、锈迹并去除毛刺，用钢直尺检查外形尺寸。

注意：仔细检查外形精度误差是否过大。

步骤二　锯削以及锉削：对 45# 钢料进行锯削、锉削，加工至厚度为 8 mm 的正六面体。

注意：制作时注意控制平面度、垂直度，并且用游标卡尺控制平行度、测量六边形对边尺寸，尺寸应为 15.6±0.04 mm。

步骤三　孔加工：用 ϕ8.5 麻花钻头对工件进行钻孔，然后再用 90° 锪孔钻对底孔锪孔，深度约 1.5 mm，通孔两端要锪孔。

注意：钻孔之前找准孔的中心点，用样冲定出中心眼，中心眼的位置要务必精准。

步骤四　攻螺纹以及倒角：用绞杠和 M10 丝锥对工件进行攻螺纹，用锉刀加工出 15° 倒角。

注意：攻螺纹前工件夹持位置要正确，应尽可能把底孔中心线置于水平或垂直位置，倒角要求使相贯线对称、倒角面圆滑、内切圆准确。

步骤五　测量修正：最后检查制作的螺母尺寸是否符合标准螺母的质量以及外观要求，对螺母进行打磨修正。

注意：尽量做到螺母的形状以及外观与标准螺母一致。

步骤六　清理现场：整理现场卫生，清扫垃圾，工具摆放回原位置。

注意：清理现场时将现场锯削和钻削产生的铁屑清理干净，将工具归位。

三、交流分享

和同学交流分享以下内容，并将自己的内容记录下来、展示出来。

（1）制作难点：_____

（2）制作体会：_____

（3）成果展示：

制作过程的照片

主题五　生产制作涵养匠心品质

四、反思提高

反思项目	反思内容	反思结果（请在合适的选项里打钩或者用文字表述）		
劳动参与	1. 是否喜欢参加这次劳动	喜欢□	不喜欢□	无所谓□
	2. 本次劳动对你来说是否有难度或者有挑战性	有□	没有□	
	3. 你遇到的困难、挑战有哪些			
	4. 在这次劳动中，你的哪些优势得到了发挥			
	5. 活动中的劳动工具，你使用得是否得心应手？哪些工具你尚未熟练掌握	是□	否□：＿＿＿＿	
	6. 你使用了什么方法来提高劳动效率	未使用□	使用了□：＿＿＿＿	
	7. 通过这次劳动，你在哪些方面得到了提升			
探索创新	1. 在劳动过程中，你觉得还可以通过改进哪些工具来提升效果？如何改进			
	2. 你觉得还可以创新使用哪些方法			
其他	你对本次劳动有哪些建议			

五、活动拓展

请同学们根据本次实践活动制作的螺母，设计和制作一个螺栓，使螺栓与螺母能够连接配合在一起。请以视频方式进行记录和展示。

主题五　生产制作涵养匠心品质

活动 2　3D 打印：点亮红色文化　创新文化展示

> 红色文化体现了中华民族的优良传统和民族精神，蕴含着中国共产党的崇高理想、坚定信念和丰富的革命精神、厚重的历史文化内涵。在当前新的时代背景下，红色文化注入了时代精神内涵，不断激励着一代又一代国人自强不息，努力前行。本次活动我们将开启一趟"3D 打印"之旅，将现代科技与红色文化融合，将历史传承与创新发展交融，让红色文化在时代的潮流中焕发新的光彩！

一、活动目标

知识目标： 了解 3D 打印基本原理和打印机使用方法。

能力目标： 能合理选用打印材料，正确使用 3D 打印机并完成模型打印。

素养目标： 培养敬业精神、创新意识和科技应用能力，实践以技术技能助力红色文化传承、传播与发展。

二、活动实施

（一）劳动准备

1. 实践场地：3D 打印实验室。
2. 劳动材料：3D 打印机、打印材料、计算机、建模软件、打印机控制软件、小铲等。
3. 相关资料：有关 3D 打印技术的文献、案例以及红色文化资源。

（二）劳动过程

请根据任务规划劳动步骤。劳动过程中请注意遵守劳动规范、维护劳动秩序。参考步骤具体如下。

步骤一　设备初始化：点击软件中初始化选项或者长按设备初始化按钮，打印机发出嗡鸣声时，初始化即开始。当打印机返回初始位置，准备完成时会再次发出嗡鸣声。

注意：机器每次开机都需初始化，打印头和打印平台返回初始位置后，建立唯一坐标系。

主题五　生产制作涵养匠心品质

步骤二　水平校准：将打印平板放置于工作台上，将水平校准器放在喷头下侧，用双头线连接插口；单击控制软件中的"自动补偿"后，水平校准仪依次完成平台 9 个点的校准。

注意：双头线要从打印机正面绕过机架插入打印机后侧插口。

步骤三　喷嘴校准：将双头线分别插入自动对高块和打印机背面底部插口；单击控制软件中自动对高，平台逐渐上升，直至自动对高块上弹片与喷嘴接触。

注意：校准前，务必取下水平校准仪，并确保喷嘴干净以便测量准确。

步骤四　设备装料：将丝材挂在丝材支架上，牵引丝材穿过丝材支架的顶部限位槽，穿过送丝管，插入打印机喷头的丝材入口。

注意：打印机常用丝材为丙烯腈-丁二烯-苯乙烯共聚物（以下简称 ABS）或聚乳酸（以下简称 PLA）的丝材。ABS 丝材打印温度：230～250 ℃；PLA 丝材打印温度：190～210 ℃；注意调整打印机喷头温度。

步骤五　模型创建：使用 3D 建模软件创建打印模型或者通过网络下载现有的模型。

注意：3D 打印模型文件格式一般为 STL 格式，如果文件格式不对，可以利用设计软件完成数据转换。

步骤六　模拟打印：选择打印选项，设置片层厚度 0.2 mm，填充方式 99%，选择打印预览，等待软件计算完成，显示模拟打印效果，并显示制作时间和用料质量。

注意：层片厚度可选择，厚度越小，则分层越多，精度更高；可选择"20%""65%""80%"等不同比例，根据模型使用场景进行合理选择。

步骤七　模型打印：通过打印预览确认参数无误后，选择打印命令，进行打印数据的生成和传输；数据传输完毕后弹出打印信息预算框。

注意：选择打印命令后，喷头与底板开始加热，注意不要误碰、烫伤。

步骤八　模型拆卸：打印结束并等待打印平板冷却后，将打印平板连同打印模型从打印机上取下；用小铲从基底拆下模型，最后用小铲将基底从打印平板上铲下。

注意：小铲单侧面有斜度，便于铲下模型。

三、交流分享

和同学交流分享以下内容，并将自己的内容记录下来、展示出来。

（1）请为你的 3D 打印项目起一个名字：＿＿＿＿＿＿＿＿＿＿＿＿＿＿＿＿＿＿＿

（2）请讲解一下你的 3D 打印项目背后的故事：＿＿＿＿＿＿＿＿＿＿＿＿＿＿＿＿

（3）成果展示：

活动2　3D打印：点亮红色文化　创新文化展示

3D打印模型的照片

四、反思提高

反思项目	反思内容	反思结果（请在合适的选项里打钩或者用文字表述）		
劳动参与	1. 是否喜欢参加这次劳动	喜欢□	不喜欢□	无所谓□
	2. 本次劳动对你来说是否有难度或者有挑战性	有□	没有□	
	3. 你遇到的困难、挑战有哪些			
	4. 在这次劳动中，你的哪些优势得到了发挥			
	5. 活动中的劳动工具，你使用得是否得心应手？哪些工具你尚未熟练掌握	是□	否□：_____	
	6. 你使用了什么方法来提高劳动效率	未使用□	使用了□：_____	
	7. 通过这次劳动，你在哪些方面得到了提升			

主题五　生产制作涵养匠心品质

续表

反思项目	反思内容	反思结果（请在合适的选项里打钩或者用文字表述）
探索创新	1. 在劳动过程中，你觉得还可以通过改进哪些工具来提升效果？如何改进	
	2. 你觉得还可以创新使用哪些方法	
其他	你对本次劳动有哪些建议	

五、活动拓展

请同学们根据本次实践活动所学，与小组同学一起进行3D打印项目的展示，并分享小组的作品名称、作品规格、设计灵感、心得经验等，请以视频方式进行记录。

主题五 生产制作涵养匠心品质

活动 3 无人机与影视制作：无人机航拍

从电影中的科幻世界到新闻中的现实生活，影视拍摄广泛存在于我们的世界。回想一下，我们过去的航拍，主要依靠"载人直升机+摄像"的形式，成本高，不安全，难以近距离拍摄主体。但是，近几年出现的无人机弥补了传统航拍的不足。通过无人机鸟瞰大地，不论是壮美的山河，还是繁华的都市，一切极致的景色都能尽收眼底。同学们，让我们一起来学习无人机航拍，以独特的"高空视角"来体验航拍艺术的美妙与神奇吧。

一、活动目标

知识目标： 了解无人机操控、航拍和影视制作方面的知识。

能力目标： 掌握无人机飞行技术、航拍技巧和安全规范，提高动手能力。

素养目标： 激发学习掌握新技术的热情，培养精益求精的工匠精神、安全意识、职业责任心，以及爱国情怀。

二、活动实施

（一）劳动准备

1. 实践场地：无人机航拍飞行场地。
2. 劳动材料：航拍无人机、镜头、备用电池、电脑、记录本等。
3. 相关资料：无人机操控、航拍知识、构图技巧、运镜手法、剪辑处理等方面的资料。

（二）劳动过程

请根据任务规划劳动步骤。劳动过程中请注意遵守劳动规范、维护劳动秩序。参考步骤具体如下。

步骤一　选择航拍对象：选择本次活动中需要航拍的目标对象，比如教学楼、体育馆，也可以在确保安全的情况下前往部分红色景点等进行拍摄。

注意：根据航拍对象的环境特点选择相应的拍摄方案和航拍技巧。

步骤二　选择合适型号的无人机：不同型号的无人机性能参数、避障感应能力和执照要

主题五　生产制作涵养匠心品质

求等不一样，应根据拍摄环境的复杂程度和天气情况，选择相应型号的无人机，从而避免出现"炸机"。

注意：环境越复杂，越要选择避障、抗风等功能更强大的无人机。特别需要注意的是，使用 7 kg 以上的小型无人机者应具备民航局执照。

步骤三　选择合适的拍摄手法：在航拍中，"航"和"拍"是密不可分的，无人机驾驶是"航"，负责摄影机位；摄像机是"拍"，决定摄影内容。"航"为"拍"创造条件，"拍"才能实现最终的摄影效果。拍摄时，可以选择扫描式拍摄、90度俯拍、越景观飞行、跟随拍摄等无人机拍摄技巧。初学者需要通过反复练习、循序渐进，才能够熟练掌握。

注意：在拍摄过程中需要注意飞行稳定性、打杆方法、运镜手法、构图技巧等，并在拍摄时就考虑到后期剪辑的风格及镜头片段的衔接。

步骤四　选择专业的剪辑制作软件：常用的视频剪辑软件有 Adobe Premiere、剪映等，根据自己的创作思路，将拍摄好的素材进行剪辑，并搭配合适的背景音乐，然后就可以导出成品了。

注意：剪辑作品应注意短片风格、合适的背景音乐及镜头语言，适当搭配转场效果，注重传播正能量。

步骤五　作品导出发布：将创作好的作品加上自己特有的防伪水印，就可以分享给身边的朋友们了。

注意：作品应注意版权问题，切记不可抄袭。

步骤六　根据大家的意见对作品进行微调，使作品的质量得到提升。

注意：要采纳对作品提升有帮助的建议。

三、交流分享

和同学交流分享以下内容，并将自己的内容记录下来、展示出来。

（1）请用一句话来描述无人机航拍的特点：_____

（2）请描述无人机下的世界：_____

（3）成果展示：

无人机航拍作品照片

活动3　无人机与影视制作：无人机航拍

四、反思提高

反思项目	反思内容	反思结果（请在合适的选项里打钩或者用文字表述）		
劳动参与	1. 是否喜欢参加这次劳动	喜欢□	不喜欢□	无所谓□
	2. 本次劳动对你来说是否有难度或者有挑战性	有□	没有□	
	3. 你遇到的困难、挑战有哪些			
	4. 在这次劳动中，你的哪些优势得到了发挥			
	5. 活动中的劳动工具，你使用得是否得心应手？哪些工具你尚未熟练掌握	是□	否□：_____	
	6. 你使用了什么方法来提高劳动效率	未使用□	使用了□：_____	
	7. 通过这次劳动，你在哪些方面得到了提升			
探索创新	1. 在劳动过程中，你觉得还可以通过改进哪些工具来提升效果？如何改进			
	2. 你觉得还可以创新使用哪些方法			
其他	你对本次劳动有哪些建议			

五、活动拓展

请同学们根据本次实践活动所学，以小组为单位为自己的母校拍摄一则短视频作品，要求以"我的学校……"为主题，运用无人机拍摄并剪辑制作5分钟以内的视频短片。建议以具体的人、事、物作为切入点，讲述一个完整的故事。

047

主题六　食品安全筑牢生命安全防线

活动1　食品加工与储存：葡萄美酒　岁月醇香

> 从葡萄清洌的酸甜到葡萄酒浓郁的醇香，时间赋予了葡萄新的生命。在微生物的助力下，葡萄汁静静发酵，产生了更为丰富饱满的口感和滋味：浓郁厚重的酒香、丰腴圆润的甜味、丝滑柔顺的涩味、清新爽口的酸味、沁人心脾的果味，晶莹剔透的高脚杯中，清澈的红酒蕴藏着人生百味。同学们，让我们一起酿制一杯葡萄酒，体验食物的时间之旅吧！

一、活动目标

知识目标： 了解葡萄酒酿造的基本原理和发酵方法。

能力目标： 能合理选用葡萄原料，并完成葡萄酒酿造。

素养目标： 认识食品生产和食品安全的重要性，以及农产品深加工在乡村振兴中的重要意义。

二、活动实施

（一）劳动准备

1. 实践场地：食品加工实训室。

2. 劳动材料：新鲜红葡萄、白砂糖、酿酒酵母、剪刀、电子秤、一次性手套、塑料盆、玻璃罐、高脚杯等。

3. 相关资料：葡萄酒分类、葡萄酒文化、品酒方法等方面的资料。

（二）劳动过程

请根据任务规划劳动步骤。劳动过程中请注意遵守劳动规范、维护劳动秩序。参考步骤具体如下。

步骤一　原料选择：选择风味浓郁、含糖量高、色泽较深的红葡萄品种，在葡萄完全成熟时采收。适宜的品种有赤霞珠、品丽珠、梅洛等。

注意：葡萄酒酿造一般选用酿酒专用品种；在劳动中也可以选取巨峰等鲜食品种。

步骤二　葡萄清洗：用剪刀将葡萄从果梗处剪下，在塑料盆中用清水清洗干净，但不要太用力，避免弄破果实，然后自然晾干表面水分。

注意：可以在水中加一勺面粉进行清洗，面粉的吸附作用使清洗效果更佳。

步骤三　破碎与除梗：戴一次性手套，将葡萄逐个捏碎，将果梗挑出。

注意：破碎的葡萄不能与铁器、铜器接触，防止金属离子溶于酒中增加重金属含量。

步骤四　成分调整：按"葡萄汁：白砂糖"为 10∶1.2～10∶2 的比例向葡萄汁中添加白砂糖，并搅拌均匀。

注意：根据原料甜度和个人口味确定白砂糖添加比例。

步骤五　接种酵母：称取质量为葡萄汁质量 0.02% 的酿酒酵母，加入葡萄汁中，搅拌均匀。

注意：可以先取少量葡萄汁，调温至 35 ℃，加入酵母，放置 15 分钟，使酵母活化后加入葡萄汁中。

步骤六　密封发酵：将发酵汁转移至玻璃罐中，密封发酵 30 天左右。

注意：为避免杂菌污染，可在果汁最上层撒一层白砂糖，然后密封。

步骤七　葡萄酒过滤：发酵完成后用纱布将葡萄酒进行过滤，获得澄清透明的葡萄酒液。

注意：过滤后酒中仍有少许残渣，可通过静置去除。

步骤八　品酒：将葡萄酒倒入高脚杯，将酒杯微微倾斜，观色；将酒杯端起，轻轻摇晃，闻味；啜饮一小口葡萄酒，让酒液分布于整个口腔，细细品味。

注意：葡萄酒倒至酒杯约 1/3 即可，不可过满。

三、交流分享

和同学交流分享以下内容，并将自己的内容记录下来、展示出来。

（1）我国有不少著名的葡萄酒产品，好的名字可以为产品加分，请为你的葡萄酒产品命名：_____

（2）请为你的葡萄酒产品打造一句广告词：_____

（3）成果展示：

葡萄酒发酵的照片

主题六　食品安全筑牢生命安全防线

四、反思提高

反思项目	反思内容	反思结果（请在合适的选项里打钩或者用文字表述）		
劳动参与	1. 是否喜欢参加这次劳动	喜欢□	不喜欢□	无所谓□
	2. 本次劳动对你来说是否有难度或者有挑战性	有□	没有□	
	3. 你遇到的困难、挑战有哪些			
	4. 在这次劳动中，你的哪些优势得到了发挥			
	5. 活动中的劳动工具，你使用得是否得心应手？哪些工具你尚未熟练掌握	是□	否□：_____	
	6. 你使用了什么方法来提高劳动效率	未使用□	使用了□：_____	
	7. 通过这次劳动，你在哪些方面得到了提升			
探索创新	1. 在劳动过程中，你觉得还可以通过改进哪些工具来提升效果？如何改进			
	2. 你觉得还可以创新使用哪些方法			
其他	你对本次劳动有哪些建议			

五、活动拓展

请同学们根据本次实践活动所学，在中秋节来临之际购买一瓶葡萄酒送给父母，为他们送上真挚的祝福，并与他们一起品酒赏月，畅谈往昔。请以视频方式进行记录和展示。

主题六　食品安全筑牢生命安全防线

活动 2　净菜加工制作：从农田到餐桌的安全守护

近年来，一种从田间地头直达餐桌的新业态——净菜，在市场上悄然兴起，它改变了以往需要自己择菜、清洗、切配的传统流程，让烹饪变得简单高效。净菜是指经过挑选、修整、清洗、切分和包装等处理的生鲜蔬菜，可食率接近100%，达到直接烹食或生食的卫生要求，被人们称为"新世纪革命的新生食品"。同学们，让我们一起做一道即用净菜，一起解锁它的制造步骤吧。

一、活动目标

知识目标： 熟悉净菜的定义及分类。
能力目标： 熟悉净菜生产流程，掌握鱼香肉丝的制作过程；能制作安全、健康的净菜。
素养目标： 通过净菜的制作，树立食品安全意识、环保意识。

二、活动实施

（一）劳动准备

1. 实践场地：食品加工实训室。
2. 劳动材料：主料（猪肉、胡萝卜、冬笋、木耳等）、辅料（蒜、姜、葱、剁椒、豆瓣酱、食用油、玉米淀粉、食盐、白糖、生抽）、菜刀、案板、电磁炉、锅等。
3. 相关资料：净菜分类、净菜加工、净菜发展趋势等方面的资料。

（二）劳动过程

请根据任务规划劳动步骤。劳动过程中请注意遵守劳动规范、维护劳动秩序。参考步骤具体如下。

步骤一　食材清洗：先准备制作所需的猪肉、胡萝卜、冬笋、木耳等，并对食材进行清洗。
注意：可以选用猪里脊肉，木耳用温水泡发并洗净，胡萝卜、冬笋去皮洗净。

步骤二　猪肉切丝：将猪肉先切成薄片，再切成细丝，放在清水里抓洗几遍，将血水洗净。
注意：里脊肉肉质嫩，要顺着纹路切，且要切得稍细一些。

主题六　食品安全筑牢生命安全防线

　　步骤三　腌制肉丝：将洗净的肉丝挤去水分放入碗中，加适量胡椒粉、盐、料酒、蛋清，搅拌至吸收。再加入少许淀粉，搅拌1分钟。最后加入适量植物油拌匀，腌制20分钟。

　　注意：放蛋清和淀粉腌制肉丝时，一定要顺着同一个方向充分搅拌，使肉丝充分吸收腌料，否则下锅后容易脱浆。

　　步骤四　准备配菜：将冬笋、胡萝卜和提前泡发好的木耳分别切成细丝；小葱切成葱花，姜和蒜分别切成末。

　　注意：葱可以多一些，葱、姜、蒜的比例大概在2∶1∶1即可。

　　步骤五　配菜烫漂：将冬笋丝、胡萝卜丝、木耳丝等分别放入烧开的热水中，进行烫漂，然后过凉水拨凉。

　　注意：烫漂时间不宜过长，水再次沸腾起来时即可捞出。

　　步骤六　料汁制备：醋4勺，白糖3勺，盐少许，生抽2勺，老抽小半勺，料酒2勺，清水2勺，淀粉1勺，调匀。

　　步骤七　分装保存：将准备好的肉丝、配菜、料汁分装到真空袋中，用真空机封装保存。

　　注意：注意肉丝、配菜及料汁之间的比例，肉丝、配菜与料汁三者均要单独包装；建议在0～4℃的条件下冷藏，并在36小时内食用完毕。

　　步骤八　鱼香肉丝烹饪：需食用时，取出准备好的净菜；在锅中加少许食用油，加入肉丝炒散后捞出备用；用葱姜蒜爆香后，放入肉丝、配菜及料汁，翻炒至入味即可出锅装盘。

三、交流分享

　　和同学交流分享以下内容，并将自己的内容记录下来、展示出来。
　　（1）你对净菜的看法：_____
　　（2）还有哪些菜品适合做成净菜：_____
　　（3）成果展示：

净菜的照片

活动 2　净菜加工制作：从农田到餐桌的安全守护

四、反思提高

反思项目	反思内容	反思结果（请在合适的选项里打钩或者用文字表述）		
劳动参与	1. 是否喜欢参加这次劳动	喜欢□	不喜欢□	无所谓□
	2. 本次劳动对你来说是否有难度或者有挑战性	有□	没有□	
	3. 你遇到的困难、挑战有哪些			
	4. 在这次劳动中，你的哪些优势得到了发挥			
	5. 活动中的劳动工具，你使用得是否得心应手？哪些工具你尚未熟练掌握	是□	否□：_____	
	6. 你使用了什么方法来提高劳动效率	未使用□	使用了□：_____	
	7. 通过这次劳动，你在哪些方面得到了提升			
探索创新	1. 在劳动过程中，你觉得还可以通过改进哪些工具来提升效果？如何改进			
	2. 你觉得还可以创新使用哪些方法			
其他	你对本次劳动有哪些建议			

五、活动拓展

请同学们根据本次实践活动所学给家人、朋友制作一份美味净菜，让他们省去买菜、配菜、洗菜、切菜的时间，方便他们回家制作品尝。请以视频方式进行记录和展示。

主题七　公益劳动提升社会技能

活动 1　垃圾分类进社区：垃圾分类　从我做起

> "垃圾分类人人做，做好分类为人人"，自觉做到垃圾分类是社会公民应尽的责任和义务。作为青年学生，更要成为垃圾分类的参与者、宣传者、维护者、监督者。本次活动请同学们组织一次社区清洁和垃圾分类宣传志愿活动，强化社区居民对垃圾分类、环境保护的意识，引导居民积极参与垃圾分类行动。

一、活动目标

知识目标： 明确垃圾分类的原因及意义，了解公共卫生安全知识要点、社区垃圾分类的基本常识、社区垃圾清扫的工作要求等。

能力目标： 掌握社区垃圾清扫工具的使用技巧，能按照社区垃圾分类的基本原则将垃圾分类放入垃圾桶。

素养目标： 树立正确的垃圾分类意识，养成良好的垃圾分类习惯；在垃圾分类中树立节约资源和保护环境的意识。

二、活动实施

（一）劳动准备

1. 实践场地：社区。
2. 劳动材料：宣传条幅、口罩、夹子、手套、垃圾袋、相关应急药品等。
3. 相关资料：垃圾社区分类的相关知识。

（二）劳动过程

请根据任务规划劳动步骤。劳动过程中请注意遵守劳动规范、维护劳动秩序。参考步骤具体如下。

步骤一　活动集合：同学们在劳动地点集合，负责人对劳动流程进行简单介绍，并宣布劳动开始。

注意：要尽量避开高温、严寒天气。

活动1 垃圾分类进社区：垃圾分类 从我做起

步骤二　划分区域：对社区的劳动区域进行划分。根据社区面积将同学们分为几组，各组分别负责相应区域的垃圾清理。

注意：根据不同活动场地的特点对小组进行划分并进行合理配置。

步骤三　垃圾清理：各组分别行动，清理所负责区域的垃圾。

注意：在搜集垃圾的时候，务必注意卫生和安全，戴好口罩和手套，使用垃圾夹子，避免身体直接接触垃圾，更要防止手指被垃圾中的锐物刺伤。

步骤四　垃圾分类：将各区域清理出的垃圾运送至垃圾分类投放处，按照本社区的垃圾分类规定以及垃圾分类投放时的注意事项，将垃圾相应地放入可回收物、有害垃圾、厨余垃圾以及其他垃圾的垃圾桶中，让垃圾有正确的归属。

注意：清理完成后进行检查。有分类错误的，按照正确的规则重新分类。

步骤五　活动总结：活动负责人对本次"垃圾分类进社区"劳动进行评价，并总结发言，呼吁更多的同学参与垃圾分类，为美化社区环境、保持社区卫生贡献力量。

注意：讲话时要注意重点消除居民对垃圾分类的误解和疑问。

步骤六　宣传科普：向身边的社区居民宣传本次劳动所总结的垃圾分类经验和窍门，引导更多社区居民积极参与垃圾分类的行动，成为垃圾分类的宣传者和践行者。

注意：结合实际以多种形式开展垃圾分类宣传。

三、交流分享

和同学交流分享以下内容，并将自己的内容记录下来、展示出来。

（1）想一句宣传语：_____

（2）活动过程中发现的重要问题：_____

（3）成果展示：

"垃圾分类进社区"活动的照片

主题七　公益劳动提升社会技能

四、反思提高

反思项目	反思内容	反思结果（请在合适的选项里打钩或者用文字表述）		
劳动参与	1. 是否喜欢参加这次劳动	喜欢□	不喜欢□	无所谓□
	2. 本次劳动对你来说是否有难度或者有挑战性	有□	没有□	
	3. 你遇到的困难、挑战有哪些			
	4. 在这次劳动中，你的哪些优势得到了发挥			
	5. 活动中的劳动工具，你使用得是否得心应手？哪些工具你尚未熟练掌握	是□	否□：_____	
	6. 你使用了什么方法来提高劳动效率	未使用□	使用了□：_____	
	7. 通过这次劳动，你在哪些方面得到了提升			
探索创新	1. 在劳动过程中，你觉得还可以通过改进哪些工具来提升效果？如何改进			
	2. 你觉得还可以创新使用哪些方法			
其他	你对本次劳动有哪些建议			

五、活动拓展

请同学们根据此次实践活动所学指导家人进行垃圾分类，引导家人养成垃圾分类的好习惯，做垃圾分类的积极践行者。请以视频方式进行记录和展示。

主题七　公益劳动提升社会技能

活动 2　生活科普进社区：天地"粮"心　粒粒皆有情

> 我国有14亿多人口，每天就要消耗70万吨粮食，尽管我国现有耕地总面积排名世界第4，仅次于美国、俄罗斯和印度，但人均耕地面积仅有1.36亩，只有世界人均耕地面积的1/3。直面现实，我们应怎样防范化解我国粮食安全的重大风险呢？让我们一起走进社区，开展以"天地'粮心'，粒粒皆有情"为主题的防范粮食安全重大风险科普活动，增强社区居民的防范意识。

一、活动目标

知识目标： 了解我国粮食安全的现状和面临的风险、挑战；了解防范化解我国粮食安全风险的方法。

能力目标： 掌握组织集体宣讲活动的程序和方法；培养与人沟通、宣传思想的交流能力。

素养目标： 坚定政治信仰和理想信念，树立艰苦奋斗的精神和团结协作意识，自觉做国家安全的维护者。

二、活动实施

（一）劳动准备

1. 实践场地：社区党群服务中心。
2. 劳动材料：仿真麦穗、问卷调查表、科普宣传彩页、科普宣传课件、科普宣传签名彩板。
3. 相关资料：我国目前防范化解粮食安全重大风险的资料。

（二）劳动过程

请根据任务规划劳动步骤。劳动过程中请注意遵守劳动规范、维护劳动秩序。参考步骤具体如下。

步骤一　发放调查问卷： 将精心设计的粮食安全话题调查问卷发放给社区居民。

注意：调查问卷分为线上、线下两种，居民可根据实际情况自主选择问卷形式。

步骤二　回收调查问卷： 收回并清点发出的线下纸质版问卷。

主题七　公益劳动提升社会技能

注意：积极动员社区居民填写调查问卷，提高问卷回收率。

步骤三　发放仿真麦穗和科普宣传彩页：社区居民沉浸式体验粮食安全科普活动，感受粮食安全的重要性。

注意：学生按照科普活动开展区域有序发放材料，维护好现场秩序，发放时再次提醒居民提交问卷。

步骤四　科普宣讲：针对我国目前粮食安全存在的风险以及如何防范这些风险展开科普宣讲。

注意：科普宣讲过程中要注重与社区居民之间的互动，以理服人。

步骤五　交流答疑：针对社区居民就粮食安全问题存在的疑惑进行交流和答疑。

注意：因能力有限无法有效消除疑惑时，请科普活动进社区团队的老师进行有针对性的答疑。

步骤六　公益签名：组织到场居民在"天地'粮'心，粒粒皆有情"科普宣传板上签名。

注意：维护好现场秩序，有序签名，展现良好的公民素质。

步骤七　合影留念：科普宣讲团队和社区居民共同合影留念。

注意：如合影留念人数较多，组织大家排好队，做到尊老爱幼、礼让他人。

步骤八　清点、返校：将过程性材料进行清点，准备返校。

注意：在清点过程中要仔细认真，做到细致有序；查看周围环境卫生，及时清理现场垃圾杂物，展现新时代大学生的良好素质。

三、交流分享

和同学交流分享以下内容，并将自己的内容记录下来、展示出来。

（1）提到节约粮食，你想到的人物和名言警句：_____

（2）下一次再开展生活科普进社区活动，你会重点科普哪个领域的国家安全话题？_____

（3）成果展示：

科普过程拍摄的照片

四、反思提高

反思项目	反思内容	反思结果（请在合适的选项里打钩或者用文字表述）		
劳动参与	1. 是否喜欢参加这次劳动	喜欢□	不喜欢□	无所谓□
	2. 本次劳动对你来说是否有难度或者有挑战性	有□	没有□	
	3. 你遇到的困难、挑战有哪些			
	4. 在这次劳动中，你的哪些优势得到了发挥			
	5. 活动中的劳动工具，你使用得是否得心应手？哪些工具你尚未熟练掌握	是□	否□：_____	
	6. 你使用了什么方法来提高劳动效率	未使用□	使用了□：_____	
	7. 通过这次劳动，你在哪些方面得到了提升			
探索创新	1. 在劳动过程中，你觉得还可以通过改进哪些工具来提升效果？如何改进			
	2. 你觉得还可以创新使用哪些方法			
其他	你对本次劳动有哪些建议			

五、活动拓展

请同学们根据本次实践活动所学设计一幅《天地"粮"心，粒粒皆有情》宣传海报，并将宣传海报送给社区居民，再次为防范我国粮食安全风险贡献自己的一份力量。请以照片方式进行记录和展示。

主题八　志愿劳动践行奉献精神

活动1　志愿讲解：饮酒之道　理性有度

> 中国拥有悠久而丰富的酒文化，酒在中国社会和人们的生活中扮演着重要的角色。古往今来，许多节庆场合都会摆酒设宴庆祝，像喜宴、寿宴、朋友聚会、庆贺佳节等，然而，随着社会的发展和人们生活水平的提高，饮酒所产生的问题逐渐凸显，成为社会关注的热点。酒后驾驶、饮酒过量、未成年人饮酒等饮酒问题导致的社会危害愈发严重，引发了广泛思考。同学们，让我们通过志愿讲解的方式向在校师生、社区居民等开展健康生活宣传普及活动，传递"理性文明，拒绝酒驾""关爱成长，非成勿饮"和"适量饮酒，快乐生活"的理念。

一、活动目标

知识目标： 了解当前我国社会的饮酒现状，掌握过度饮酒的危害及处理方法等知识。

能力目标： 掌握组织集体宣讲活动的程序和方法；培养与人沟通、宣传思想的交流能力。

素养目标： 弘扬志愿服务精神；树立"饮酒有害"的意识。

二、活动实施

（一）劳动准备

1. 实践场地：教室、师生活动室、社区活动室等。
2. 劳动材料：讲解稿、讲解课件、翻页笔等。
3. 相关资料：酒的基本知识、过度饮酒的危害及常见的饮酒过量导致的身体不适处理建议、解酒小妙招等方面的材料。

（二）劳动过程

请根据任务规划劳动步骤。劳动过程中请注意遵守劳动规范、维护劳动秩序。参考步骤具体如下。

步骤一　小组研讨：成立志愿者服务小组，明确各成员的职责和任务分工。根据相关资料编写讲解稿，并进行小组研讨，制订讲解方案。

活动1 志愿讲解：饮酒之道 理性有度

注意：讲解稿应包括酒的基本知识、饮酒的危害、注意事项等。

步骤二 交流对接：到达宣讲地点后，与场地工作人员对接，沟通注意事项，接受场地负责人指示。

注意：要提前获得讲解许可，确定志愿讲解开展的时间、地点，了解场地相关规定并及时布置场地。

步骤三 前期准备：按照任务分工各自到岗，开始讲解前的准备工作。

注意：划分组别，专人专责，如按实际情况设置设备调试组、摄影摄像组、秩序维护组等。

步骤四 开始讲解：开始正式讲解，及时解决讲解过程中出现的问题。

注意：仪表端庄，仪态大方，表达清晰，语速适中，普通话标准，技巧灵活。

步骤五 整理场地：讲解活动结束后进行场地整理。

注意：活动结束后要收好物品，及时清理产生的垃圾，保护场地的环境卫生。

步骤六 拍照留念：用照片详细记录志愿活动的精彩瞬间。

注意：要拍张全景图，以此反映整个活动现场的状况。

步骤七 总结反馈：活动结束后进行总结评估，收集反馈意见，为下次活动提供参考。

注意：可根据活动内容设计多种反馈形式。

三、交流分享

和同学交流分享以下内容，并将自己的内容记录下来、展示出来。

（1）志愿讲解的主要内容：＿＿＿＿＿＿＿＿＿＿＿＿＿＿＿＿＿＿＿＿＿

（2）我的收获：＿＿＿＿＿＿＿＿＿＿＿＿＿＿＿＿＿＿＿＿＿＿＿＿＿＿＿

（3）成果展示：

志愿讲解照片

主题八　志愿劳动践行奉献精神

四、反思提高

反思项目	反思内容	反思结果（请在合适的选项里打钩或者用文字表述）		
劳动参与	1. 是否喜欢参加这次劳动	喜欢□	不喜欢□	无所谓□
劳动参与	2. 本次劳动对你来说是否有难度或者有挑战性	有□	没有□	
劳动参与	3. 你遇到的困难、挑战有哪些			
劳动参与	4. 在这次劳动中，你的哪些优势得到了发挥			
劳动参与	5. 活动中的劳动工具，你使用得是否得心应手？哪些工具你尚未熟练掌握	是□	否□：_____	
劳动参与	6. 你使用了什么方法来提高劳动效率	未使用□	使用了□：_____	
劳动参与	7. 通过这次劳动，你在哪些方面得到了提升			
探索创新	1. 在劳动过程中，你觉得还可以通过改进哪些工具来提升效果？如何改进			
探索创新	2. 你觉得还可以创新使用哪些方法			
其他	你对本次劳动有哪些建议			

五、活动拓展

请同学们根据本次实践活动所学撰写一篇不少于 2000 字的心得体会，对本次活动进行总结和反思，包括活动心得、问题剖析、未来展望等三部分的内容，为下一次相关活动的开展做准备。请以报告形式进行记录和展示。

主题八　志愿劳动践行奉献精神

活动 2　电商直播：公益直播助农　助力乡村振兴

> 农业产业升级、城乡均衡发展是社会发展的大趋势，短视频直播以大众喜闻乐见的方式把优质的农产品呈现在大众视野。本次活动以电商直播方式创新打造"第二课堂"，请同学们走出课堂，走进农村，身临其境地感受乡村的发展变化，为农产品代言，帮助地方优势特色农产品插上互联网的翅膀，助力农产品提升活力，实现社会发展和乡村事业发展的共赢。

一、活动目标

知识目标： 学习电商直播专业所需的文化基础知识和专业基础知识。

能力目标： 了解电商直播实施流程；提升市场营销项目的策划、实施的能力；提高产品销售与公共关系处理的能力。

素养目标： 提高参与公益服务活动、服务社会的热情，培养家国情怀；强化融入社会发展大局的主人公意识，助力乡村振兴。

二、活动实施

（一）劳动准备

1. 实践场地：可用于直播的教室、房间或直播专用场地。

2. 准备器材：直播用手机等影像设备、收音设备等，直播场地布置使用的背景布、产品摆放架、产品等。

3. 相关资料：电商直播有关知识、推广产品及种类梳理、相关农产品的知识、直播环节设计等方面的材料，简要脚本等。

（二）劳动过程

请根据任务规划劳动步骤。劳动过程中请注意遵守劳动规范、维护劳动秩序。参考步骤具体如下。

步骤一　宣传预热：提前 1～2 天，通过朋友圈、网络公众平台、海报等渠道进行宣传，以增加直播间流量。

主题八　志愿劳动践行奉献精神

注意：注意把握要点，选择宣传重点，吸引更多人群。

步骤二　布置场地：合理设计安排直播场地，调试设备、光线等；直播画面中的物品都应摆放整齐，擦洗干净。

注意：布景要符合直播主题；要调试好直播设备，确保直播期间能顺利使用；模拟直播，确保光线、场地效果良好。

步骤三　开场：主播做开场白，介绍本次直播的主题和内容，并向观众展示产品。

注意：注意控场。新手主播很容易冷场，需要做大量的准备工作。同时熟能生巧，主播直播的次数越多，就越能掌控直播节奏。

步骤四　产品推荐：可采用提问式的方法与用户互动，激发观众的好奇，并引导观众提问，从而在互动过程中了解观众的想法和顾虑。

注意：推荐产品时，尽量控制介绍时长，介绍一个产品用 5～10 分钟；主播在类别、规格等方面，帮助观众做出决策，以免由于观众摇摆不定而损失订单。

步骤五　互动留存：在直播过程中，主播还可以利用奖励、分享经验等方式吸引观众注意力。

注意：在直播过程中，与观众多互动，比如打招呼、加关注、抽奖，引导观众购买。

步骤六　结语：在活动的最后，主播进行总结，并感谢观众的支持和参与。

注意：真诚感谢。

三、交流分享

和同学交流分享以下内容，并将自己的内容记录下来、展示出来。

（1）电商直播经验分享：_____

（2）本次直播带来的效益：_____

（3）成果展示：

直播过程截图及产品推广销售情况统计

活动 2　电商直播：公益直播助农　助力乡村振兴

四、反思提高

反思项目	反思内容	反思结果（请在合适的选项里打钩或者用文字表述）		
劳动参与	1. 是否喜欢参加这次劳动	喜欢□	不喜欢□	无所谓□
	2. 本次劳动对你来说是否有难度或者有挑战性	有□	没有□	
	3. 你遇到的困难、挑战有哪些			
	4. 在这次劳动中，你的哪些优势得到了发挥			
	5. 活动中的劳动工具，你使用得是否得心应手？哪些工具你尚未熟练掌握	是□	否□：_____	
	6. 你使用了什么方法来提高劳动效率	未使用□	使用了□：_____	
	7. 通过这次劳动，你在哪些方面得到了提升			
探索创新	1. 在劳动过程中，你觉得还可以通过改进哪些工具来提升效果？如何改进			
	2. 你觉得还可以创新使用哪些方法			
其他	你对本次劳动有哪些建议			

五、活动拓展

请同学们以小组为单位认真总结本次劳动实践的宝贵经验，结合专业学习，在课堂模拟直播助农过程，并邀请其他同学询问产品相关问题、专业教师进行指导点评。请以视频方式进行记录和展示。

主题九　社会实践培养服务意识

活动1　"三下乡"社会实践活动：坚定不移跟党走　时代使命勇担当

> "三下乡"社会实践活动是指文化、科技、卫生"三下乡"，自1997年正式实施以来，已经成为一个响当当的品牌。"三下乡"社会实践活动是引导和帮助同学们上好与现实相结合的"大思政课"，在社会课堂中"受教育、长才干、作贡献"的重要渠道。通过开展"三下乡"社会实践活动，同学们不仅可以助力乡村发展，更可以锻炼自身能力，从而为全面建设社会主义现代化国家贡献力量。

一、活动目标

知识目标： 深入学习贯彻党的二十大精神，深化专业知识的学习；了解"三下乡"社会实践活动的重要意义。

能力目标： 用马克思主义中国化时代化的理论成果指导实践，在现代化强国建设中挺膺担当、建功立业。

素养目标： 深刻理解创新理论、发展成就、形势任务和发展前景；坚守理想信念，做有理想、敢担当、能吃苦、肯奋斗的新时代好青年。

二、活动实施

（一）劳动准备

1. 实践地点：结合具体实践方向可选择基层社区、乡镇等。
2. 确定主题：可结合专业实际确定相应的实践主题，比如创新创业、支农支教支医、理论普及宣讲、绿色文明实践。
3. 组织队伍：根据确定主题，结合生源所在地域、专业实际等方面的现实情况，以每个小分队7～15人为宜，确定若干社会实践小分队。
4. 安全教育：做好安全保障方案，并开展安全教育培训。

（二）劳动过程

请根据任务规划劳动步骤。在劳动过程中请注意遵守劳动规范、维护劳动秩序。参考步骤

活动1 "三下乡"社会实践活动：坚定不移跟党走 时代使命勇担当

具体如下。

步骤一 对接需求：与实践地点做好沟通对接，了解具体需求；做好出行、住宿等安排。

注意：利用这个契机提高沟通技巧和组织协调能力。

步骤二 合理规划：根据需求合理安排具体实践时间及具体实践任务，做出可操作性强的社会实践配档表。

注意：安排的实践内容既要符合主题、体现专业特色，又要注重服务需求、可操作性强，充实有意义。

步骤三 开展服务：根据实践队成员人数、专业特点，明确任务分工，开展有意义的服务活动。

注意：要把安全摆在首位，按照分工落实工作任务。

步骤四 工作推进：对每日工作进行总结交流，并对第二天的工作进行安排、筹划。

注意：培养细心、认真的工作态度，做有心人；锻炼有计划地开展劳动的能力。

步骤五 宣传报道：定期对活动开展情况进行宣传报道，对好的经验做法及优秀实践队员和典型事迹进行宣传。

注意：注意树立典型和榜样，提升队员参与实践活动的积极性、责任感。

步骤六 活动收尾：实践结束前，组织队员与服务部门进行工作交接，并安排返程。

注意：分完成的任务、尚在进行的任务、尚未进行的任务等类别分别进行交接，确保工作的延续性。

步骤七 总结提升：实践队在实践活动结束后两周内对实践过程、收获、感悟等认真进行总结梳理，撰写实践报告。

注意：实践队全体成员在共同交流的基础上分工完成任务。

步骤八 交流感悟：返校后，各实践队参与社会实践交流活动，交流收获和感悟，深化实践效果。

注意：交流活动可在班级、系部（分院）范围内进行，而后将典型的实践项目在全校范围展示。

三、交流分享

和同学交流分享以下内容，并将自己的内容记录下来、展示出来。

（1）实践活动中的见闻：_____

（2）对自己未来发展的规划：_____

（3）成果展示：

主题九　社会实践培养服务意识

实践活动照片展示

四、反思提高

反思项目	反思内容	反思结果（请在合适的选项里打钩或者用文字表述）		
劳动参与	1. 是否喜欢参加这次劳动	喜欢□	不喜欢□	无所谓□
	2. 本次劳动对你来说是否有难度或者有挑战性	有□	没有□	
	3. 你遇到的困难、挑战有哪些			
	4. 在这次劳动中，你的哪些优势得到了发挥			
	5. 活动中的劳动工具，你使用得是否得心应手？哪些工具你尚未熟练掌握	是□	否□：_____	
	6. 你使用了什么方法来提高劳动效率	未使用□	使用了□：_____	
	7. 通过这次劳动，你在哪些方面得到了提升			

续表

活动1 "三下乡"社会实践活动：坚定不移跟党走 时代使命勇担当

反思项目	反思内容	反思结果（请在合适的选项里打钩或者用文字表述）
探索创新	1. 在劳动过程中，你觉得还可以通过改进哪些工具来提升效果？如何改进	
	2. 你觉得还可以创新使用哪些方法	
其他	你对本次劳动有哪些建议	

五、活动拓展

请同学们记录"三下乡"社会实践活动中收集到的精彩瞬间，总结自身收获和感悟，以课件或视频方式进行成果展示。

主题九　社会实践培养服务意识

活动 2　专题社会调查："强国有我　青春有为"美丽中国建设专题社会调查

> 随着中国式现代化的全面推进，作为现代化强国建设的重要环节，生态文明建设的重要战略位置愈发凸显。大学生开展环境问题专项调研，对进一步深刻理解环保理念、明确社会责任、树立正确的生态文明观具有良好的促进作用。请同学们深入城市社区、县域场镇和基层农村开展环境主题调研活动，以自身实际行动履行社会责任，宣传生态环保知识，传播生态文明理念，助力美丽中国建设。

一、活动目标

知识目标： 深入学习宣传习近平生态文明思想；学习环保知识。

能力目标： 提高融入城市社区、基层农村的能力；提高观察问题、发现问题、解决问题的能力。

素养目标： 提升社会责任感，树立正确的生态文明观。

二、活动实施

（一）劳动准备

1. 组织队伍：考虑生源所在地域、专业实际等现实情况，本着自愿、兴趣的原则组织专项社会调查团，一般以 5~7 人一队为宜。

2. 调研地点：结合"强国有我　青春有为"美丽中国建设专题社会调查活动的主题和具体实际来确定，可深入城市社区、县域场镇和基层农村等。

3. 安全教育：做好安全教育、培训，确保调研过程中队员的安全。

（二）劳动过程

请根据任务规划劳动步骤。劳动过程中请注意遵守劳动规范、维护劳动秩序。参考步骤具体如下。

步骤一　调查提纲拟定：紧扣选定的主题，查阅相关资料，提出不同层次的问题，确定系

活动 2　专题社会调查："强国有我　青春有为"美丽中国建设专题社会调查

统的调查项目，设计调查指标，通过列提纲的方式确定调查的内容。

注意：切忌"走马观花"，制订方案要紧扣美丽中国建设主题。

步骤二　确定调查方式和方法：结合调查内容的差异性，选择适合的调查方式，筛选恰当的调查方法。

注意：结合调查项目，根据前后顺序、紧急程度形成调查的提纲和计划。

步骤三　制订方案：做好详细的调研方案，提前安排调查方式、时间、地点等，明确任务分工。

注意：可采取实地访谈、线上和线下问卷调查、实地考察等方式进行。采取实地访谈方式的小队，须提前与调研地点做好沟通对接工作。

步骤四　整理资料：依据调查研究目标，利用科学方法，对调查所取得的资料进行审查、检验、分类、汇总等初步加工。

注意：要注意查阅文献资料，确保调查的必要性；同时注重所搜集资料的数量和质量，校正资料中的假、错、缺、冗现象，以保证资料的真实、准确。

步骤五　分析资料：对整理好的材料（包括统计分析后的数据）进行整合与加工。

注意：全面分析，注重逻辑合理。

步骤六　撰写调查报告：对调查结果或研究结论进行说明。

注意：注重对研究过程、方法以及研究中的一些重要问题等进行系统地叙述和说明。

三、交流分享

和同学交流分享以下内容，并将自己的内容记录下来、展示出来。

（1）触动的瞬间：＿＿＿＿＿＿＿＿＿＿＿＿＿＿＿＿＿＿＿＿＿＿＿＿＿＿＿＿＿

（2）突出的问题：＿＿＿＿＿＿＿＿＿＿＿＿＿＿＿＿＿＿＿＿＿＿＿＿＿＿＿＿＿

四、成果展示

调研过程照片及调研总结展示

主题九 社会实践培养服务意识

五、反思提高

反思项目	反思内容	反思结果（请在合适的选项里打钩或者用文字表述）		
劳动参与	1. 是否喜欢参加这次劳动	喜欢□	不喜欢□	无所谓□
	2. 本次劳动对你来说是否有难度或者有挑战性	有□	没有□	
	3. 你遇到的困难、挑战有哪些			
	4. 在这次劳动中，你的哪些优势得到了发挥			
	5. 活动中的劳动工具，你使用得是否得心应手？哪些工具你尚未熟练掌握	是□	否□：_____	
	6. 你使用了什么方法来提高劳动效率	未使用□	使用了□：_____	
	7. 通过这次劳动，你在哪些方面得到了提升			
探索创新	1. 在劳动过程中，你觉得还可以通过改进哪些工具来提升效果？如何改进			
	2. 你觉得还可以创新使用哪些方法			
其他	你对本次劳动有哪些建议			

六、活动拓展

请同学们以"我的生态文明观"为主题，制作课件或视频，记录调研过程中的点滴，并从收获和责任两个方面做深入思考。

郑重声明

高等教育出版社依法对本书享有专有出版权。任何未经许可的复制、销售行为均违反《中华人民共和国著作权法》，其行为人将承担相应的民事责任和行政责任；构成犯罪的，将被依法追究刑事责任。为了维护市场秩序，保护读者的合法权益，避免读者误用盗版书造成不良后果，我社将配合行政执法部门和司法机关对违法犯罪的单位和个人进行严厉打击。社会各界人士如发现上述侵权行为，希望及时举报，本社将奖励举报有功人员。

反盗版举报电话　（010）58581999　58582371
反盗版举报邮箱　dd@hep.com.cn
通信地址　北京市西城区德外大街4号　高等教育出版社知识产权与法律事务部
邮政编码　100120

购书请拨打电话　（021）56717287

防伪查询说明
用户购书后刮开封底防伪涂层，利用手机微信等软件扫描二维码，会跳转至防伪查询网页，获得所购图书详细信息。也可将防伪二维码下的20位密码按从左到右、从上到下的顺序发送短信至106695881280，免费查询所购图书真伪。

反盗版短信举报
编辑短信"JB,图书名称,出版社,购买地点"发送至10669588128

防伪客服电话
（010）58582300

数字课程使用说明

一、注册/登录
访问 http://abook.hep.com.cn/，点击"注册"，在注册页面输入用户名、密码及常用的邮箱进行注册。已注册的用户直接输入用户名和密码登录即可进入"我的课程"页面。

二、课程绑定
点击"我的课程"页面右上方"绑定课程"，正确输入教材封底防伪标签上的20位密码，点击"确定"完成课程绑定。

三、访问课程
在"正在学习"列表中选择已绑定的课程，点击"进入课程"即可浏览或下载与本书配套的课程资源。刚绑定的课程请在"申请学习"列表中选择相应课程并点击"进入课程"。

如有账号问题，请发邮件至：abook@hep.com.cn。